| 法律与历史文丛 | 刘昕杰 主编

后民法典时代的司法实践

民国四川基层诉讼中的法律与习惯
（1935~1949）

刘昕杰 著

社会科学文献出版社
SOCIAL SCIENCES ACADEMIC PRESS (CHINA)

目　录
CONTENTS

第一章　导论　/ 1
　一　萨维尼的反驳　/ 3
　二　民国民法的研究　/ 6
　三　地方视角下的民法实践　/ 11
　四　民国四川基层司法档案　/ 14

第二章　搭法典之车：传统民事制度的法典化与基层诉讼　/ 19
　一　移植西法　/ 21
　二　独立保留　/ 23
　三　重述保留　/ 27
　四　不再保留　/ 31
　五　"搭车现象"　/ 35

第三章　模糊的典：现代法典的传统制度　/ 37
　一　典的传统　/ 39
　二　典概念的争议　/ 42

三　回赎的困境　/ 49
四　两难的裁决　/ 57

第四章　游离的佃：传统制度的民法重述　/ 63
一　佃的传统概念　/ 65
二　物权还是债权　/ 67
三　押租与转租　/ 75
四　游离的佃权　/ 84

第五章　约而不婚：婚约解除的女性权利　/ 87
一　契约婚的确立　/ 89
二　婚约主体与婚约成立　/ 90
三　婚约的强制效力　/ 98
四　婚约制度的重述　/ 104

第六章　离婚自由：制度设计与实践困境　/ 107
一　离婚法的改革　/ 109
二　妻子的离婚权　/ 110
三　离婚的庭审　/ 114
四　离婚的后续问题　/ 122
五　妇女的权利意识　/ 126

第七章　继而废承：从身份到财产的转型　/ 129
一　财产继承的确立　/ 131
二　司法中的分家承嗣　/ 133

三　分家承嗣对判决的影响 / 140
　　四　两者的协调 / 146

第八章　兹事体大：由刑转民的坟产纠纷 / 149
　　一　坟产权益的法律规范 / 151
　　二　坟产纠纷中的精神性诉求 / 160
　　三　坟产民事案件 / 166
　　四　坟产刑事案件 / 170

第九章　实用型司法：再论近代中国基层民事司法的连续性 / 177
　　一　既有论争与问题 / 179
　　二　近代中国司法模式的连续性 / 182
　　三　基层地方官的全权与全责 / 186
　　四　无讼追求与解纷的灵活性 / 190
　　五　自主的界限 / 194
　　六　实用型司法 / 196

主要参考文献 / 198
后　记 / 207

Chapter

one

第一章

导论

一　萨维尼的反驳

约两百年前，影响世界法律发展进程的《法国民法典》颁布实施。这部民法典确立了近代民法"所有权神圣"、"契约自由"和"过错责任"三大基本原则，在相当长的时间内被视为近现代法治文化的代表之作。拿破仑曾回忆道，"我真正的光荣并非打了四十次胜仗；滑铁卢之役抹去了关于这一切的回忆。但是有一样东西是不会被人忘却的，它将永垂不朽——那就是我的民法典"。[1] 1813年底，德国从法国统治下独立，当时德国的社会舆论纷纷主张借鉴《法国民法典》的制度，尽快制定一部德国的民法典，以彰显德国的国家尊严和国际影响。在德国舆论一边倒地支持立即制定统一的德国民法典的时候，著名的历史法学派代表人物和民法学家，时年36岁的萨维尼出版了《论立法与法学的当代使命》一书。他认为，德国制定民法典的条件尚不成熟，因为法律"有自身确定的特征，其为一定民族所特有，如同其语言、行为方式和基本的社会组织体制"，[2] 而刚刚从法国独立出来的德国实际上仍处于分裂的状态，不具备制定统一民法典的社会基础和法学理论基础。萨维尼认为，法是由各民族历史发展状态所决定的民族共同意志，或者说法是民族共同信念的反映，即其

---

[1] 李元明：《论拿破仑法典》，《历史研究》1979年第2期。
[2] 〔德〕萨维尼：《论立法与法学的当代使命》，许章润译，中国法制出版社，2001，第7页。

所谓的"民族精神",[①] 他进而指出,不能将一个国家民法形成的力量归于立法者:

> 一切法律均缘起于行为方式,在行为方式中……习惯法渐次形成;就是说,法律首先产生于习俗和人们的信仰,其次乃假手于法学——职是之故,法律完全是由沉潜于内、默无言声而孜孜不倦的伟力,而非法律制定者的专断意志所孕就的。[②]

换言之,萨维尼认为,法律只能由内部力量推动,并非由立法者专断的意志推动;法律只能是土生土长之物,而不能通过立法的理性手段来创建。这种土生土长的法律精神,就像艺术语言一样,都是民族文化的自然体现,而不能从外部强加给各个民族。[③] 萨维尼的反驳得到重视,德国民法典的制定进程得以暂缓,以之为核心的"潘德克顿"学派逐渐壮大起来。

历史的车轮再前进了百年,《德国民法典》在 1900 年最终得以颁行,近一个世纪的等待,换来的是影响力堪比《法国民法典》的又一部传世之作。《德国民法典》几乎成为整个 20 世纪世界各国民法典学习和借鉴的对象。可以想象,如果不是萨维尼的及时提醒,仓促制定而缺乏本民族精神的"德国民法典"极可能会成为一部在德国施行的"法国民法典",而不是像现在一样成

---

① 〔德〕萨维尼:《论立法与法学的当代使命》,许章润译,中国法制出版社,2001,序言。
② 〔德〕萨维尼:《论立法与法学的当代使命》,许章润译,中国法制出版社,2001,第 11 页。
③ 严存生:《西方法律思想史》,法律出版社,2007,第 232~233 页。

为民法典的世界模板。

此时的中国正处于清末修律的起点。1905年，载泽等五大臣出国考察，在13个被考察的国家之中，他们对德国印象颇深。戴鸿慈在奏报中写道：

> 盖其长处，在朝无妨民之政，而国体自尊，人有独立之心，而进步甚猛。是以日本维新以来，事事取资于德，行之三十载，遂至勃兴。中国近多歆美日本之强，而不知溯始穷源，正当以德为借镜。①

两年后，清王朝开始起草中国历史上第一部民法典，这部由日本学者松冈义正、留法归来的陈箓和留日归来的高种、朱献文主持制定的《大清民律草案》虽未及颁行，却将德国的民法概念与民事权利体系引入中国，由此"决定了中国近现代民法的基本走向"。②

20世纪初的中国向德国民法学习的背景颇似19世纪初德国向法国民法学习的历史背景：本国民法典的制定已经同国家和民族的命运相联系，民法典的制定承载着国家强大与民族振兴的群体期盼，而且同时都恰好有一部极具影响力的外国民法典可供借鉴、移植。在清末民初那个比谁更创新的趋新除旧的过渡时代，③认同外国法常被视为法制进步，而对中国传统礼法的维护则会被

---

① 《出使各国考察政治大臣戴鸿慈等奏报到德后考察大概情形暨赴丹日期折》，光绪三十二年（1906）三月十六日，载故宫博物院明清档案部编《清末筹备立宪档案史料》，中华书局，1979。
② 梁慧星：《中国民法：从何处来，向何处去》，《中国改革》2006年第7期。
③ 关于20世纪中国思想文化中"革命"与"保守"问题的精彩论述，参见余英时《现代儒学的回顾与展望》，三联书店，2005。

视作守旧。因此,移植一部外国的民法典有着天时地利人和的时代背景。彼时的德国有萨维尼,而此时的中国却不可能出现萨维尼般的学者。中国民法典的制定因此驶上了移植西法的快车道。

20世纪30年代,中华民国民法各编陆续颁行,成为中国第一部真正意义上的民法典。在制度设计上,中华民国民法多取材德国,按当时立法者之一的梅仲协先生所言,民国民法典"采德国立法例者十之六七,瑞士立法例者,十之三四,而法、日、苏之成规,亦尝撷取一二"。① 吴经熊更是一语道破民国民法典与德国民法典的源流:"就新民法从第一条到一千二百二十五条仔细研究一遍,再和德意志民法和瑞士民法和债法逐条对照一下,倒是百分之九十五是有来历的,不是照账誊录,便是改头换面。"② 德国民法典背后蕴含的更重要的民族精神、萨维尼所论民族意志对一国民法典的基础意义,则在急于求成的民国法制现代化进程中被立法者们"得形忘意"③地忽略了。

二 民国民法的研究

即便如此,中华民国民法的颁行仍然是中国近代史上的一个

---

① 梅仲协:《民法要义》,中国政法大学出版社,2004,序,第1页。
② 吴经熊:《新民法与民族主义》,载吴经熊《法律哲学研究》,上海法学编译社,1933,第27~28页。
③ 参见苏亦工《得形忘意:从唐律情结到民法典情结》,《中国社会科学》2005年第1期。

重要事件，值得从法律史视角进行充分的研究。研究的视角不仅仅在于其立法过程中的中西法律文化交汇，也在于其颁行造成的中央法律制度与地方传统社会之间的紧张关系。

鉴于此，民国民法的研究逐渐成为中国法律史学的热点问题，到 21 世纪初期，大量的民国民法研究著作出版。以研究主题划分，这个时期中国关于民国民法史的著作主要有三类。第一类以阐明民法及民法典的演进为出发点，围绕民国时期民法制度的立法过程进行论述。代表著作有张生所著《中国近代民法法典化研究》[①] 和《民国初期民法的近代化》[②]、李显冬所著《从〈大清律例〉到〈民国民法典〉的转型》[③]、王新宇所著《民国时期婚姻法近代化研究》[④] 等，其论证核心无外乎构建一个中国民法从传统到近代的制度转型框架。第二类是将民国时期民事习惯的法源及关于法典的互动作为研究对象。代表著作有眭鸿明所著《清末民初民商事习惯调查之研究》[⑤]、李卫东所著《民初民法中的民事习惯与习惯法》[⑥]、苗鸣宇编著《民事习惯与民法典的互动》[⑦] 等，这些著作集中讨论习惯问题，将传统与近代的问题转化为成文法律与民间习惯的问题，从而通过讨论习惯与法律的冲突与融合来说明传统与近代的冲突与融合。第三类则是针对民国

[①] 张生：《中国近代民法法典化研究》，中国政法大学出版社，2004。
[②] 张生：《民国初期民法的近代化》，中国政法大学出版社，2002。
[③] 李显冬：《从〈大清律例〉到〈民国民法典〉的转型》，中国人民公安大学出版社，2003。
[④] 王新宇：《民国时期婚姻法近代化研究》，中国法制出版社，2006。
[⑤] 眭鸿明：《清末民初民商事习惯调查之研究》，法律出版社，2005。
[⑥] 李卫东：《民初民法中的民事习惯与习惯法》，中国社会科学出版社，2005。
[⑦] 苗鸣宇编著《民事习惯与民法典的互动》，中国人民公安大学出版社，2008。

时期的某一项具体民法理论和制度进行考证分析,如李倩所著《民国时期契约制度研究》①、俞江所著《近代中国民法学中的私权理论》②等,通过描述民国吸收西方法律制度及理论来说明民国时期传统法律是如何演变为近代法律制度的,实为第一类研究的细化。整体而言,关于民国民法的研究,中国学者仍以"传统－现代"的中西冲突为研究的理论起点,对民国民法的制度变迁进行论述,其对传统的关怀不外乎在坚持实现中国民法近代化、西方化的前提下提倡对本土习惯和本土文化的尊重。如果将视野从民国民法拓展到整个近代中国法律史(晚清到民国期间的法律制度史)的研究,其情境也几无外如前所述,以西方法律思想和法律理念为前提甚或标准,将中国整体视作一个研究对象进行制度史研究,这一直是国内民国乃至近代中国法律史研究的主要特点。

外国学者特别是美国学者关于民国民法的研究则突显出另外的思路,如果说中国学者关注的是民法制度的整体性变迁,那么美国学者更注重讨论民法的司法实践。以黄宗智为代表的研究团队对中国传统法律的转型进行了较为深入的研究,其中涉及对民国民法描述的包括其著的《法典、习俗与司法实践:清代与民国的比较》③与《过去和现在:中国民事法律实践的探索》④,白凯所著的《中国的妇女与财产:960—1949》中讨论了民国继承制

---

① 李倩:《民国时期契约制度研究》,北京大学出版社,2005。
② 俞江:《近代中国民法学中的私权理论》,北京大学出版社,2003。
③ 〔美〕黄宗智:《法典、习俗与司法实践:清代与民国的比较》,上海书店出版社,2007。
④ 〔美〕黄宗智:《过去和现在:中国民事法律实践的探索》,法律出版社,2009。

度,[①] 郭贞娣所著的《不可容忍之残酷:20世纪早期中国的婚姻、法律和社会》中分别探讨了20世纪初民法典制定的背景、过程以及民国婚姻纠纷解决制度的司法实践。[②] 此外,艾马克、白德瑞、苏成捷、陈美凤等美国的中国法律史学者也基于地方司法档案对中国近代法律史进行了较有新意的研究。[③] 其研究的内容多为清代的研究抑或是基于清民的比较研究,专治民国民法者尚不多见。即便是黄宗智也侧重于清代民法与民国民法的比较,力图说明中国民事司法具有"实用性道德主义"[④] 的传统,而将民国作为得出这个结论所必要的一个历史阶段。值得指出的是,黄宗智将中国近代民法的研究从制度层面推进到实践层面,通过诉讼档案的使用,提出近代中国民事法律审判"表达是一回事,实践是一回事,两者结合在一起又是另外一回事",[⑤] 在相当程度上革新了既有民国民法的研究范围。此外,日本学者滋贺秀三、寺田

[①] 〔美〕白凯:《中国的妇女与财产:960—1949》,上海书店出版社,2007。

[②] Margaret Kuo, *Intolerable Cruelty: Marriage, Law, and Society in Early Twentieth-Century China*, Lanham, Md.: Rowman and Littlefield Publishers, 2012.

[③] Mark A. Allee, *Law and Local Society in Late Imperial China—Northern Taiwan in the Nineteenth Century*, Stanford, Ca.: Stanford University Press, 1994; Bradly W. Reed, *Talons and Teeth: County Clerks and Runners in the Qing Dynasty*, Stanford, Ca.: Stanford University Press, 2000; Matthew H. Sommer, *Sex, Law, and Society in Late Imperial China*, Stanford, Ca.: Stanford university Press, 2000; Kathryn Bernhardt, Philip C. C. Huang, eds., *Civil Law in Qing and Republican China*, Stanford, Ca: Stanford University Press, 1994; Lisa Tran, *Concubines in Court: Marriage and Monogamy in Twentieth-Century China*, Lanham, Md.: Rowman and Littlefield, 2015.

[④] 〔美〕黄宗智:《过去和现在:中国民事法律实践的探索》,法律出版社,2009,绪论。

[⑤] 〔美〕黄宗智:《过去和现在:中国民事法律实践的探索》,法律出版社,2009,绪论。

浩明等关于清代民事审判的论述范围虽未论及民国,①但其与黄宗智等所产生的关于清代民事审判是"教谕式调解"还是"依法审理"的争议,以及相关学人对清代基层审判的研究,对认识整个近代中国基层的民事审判亦大有裨益。②

　　近十年来,民国民法典的研究已有更细致的推进,尤其体现在对民国民法典编纂过程的研究和对单一民事权利法典化的研究上。如张生关于民法典立法机构运行和传统法体系化的研究,③蔡晓荣对近代民法侵权行为法理论、水相邻关系的研究等。④但总体而言,这些研究成果大致均未超出20世纪初的研究范围,即目前法律史学界关于民国民法的研究,仍以制度史研究为主,以民法典颁行前或形成过程的研究为主。民法典颁行后,基层民事纠纷如何在传统社会与大陆法系民法的文化隔离中得以裁断、

---

① 〔日〕滋贺秀三等:《明清时期的民事审判与民间契约》,王亚新、梁治平编,王亚新等译,法律出版社,1998。日美学者争论的简单概括可参见〔日〕寺田浩明《清代民事审判:性质及意义——日美两国学者之间的争论》,《北大法律评论》1998年第2期。

② 国内学者对清代民事审判的研究成果众多,亦非本书研究范围,不再一一赘列,仅列主要成果,包括徐忠明《众声喧哗:明清法律文化的复调叙事》,清华大学出版社,2007;徐忠明《案件、故事与明清时期的司法文化》,法律出版社,2006;里赞《晚清州县诉讼中的审断问题》,法律出版社,2010;张小也《官、民与法:明清国家与基层社会》,中华书局,2007;梁治平《清代习惯法:社会与国家》,中国政法大学出版社,1996;邱澎生、陈熙远编《明清法律运作中的权力与文化》,(台北)联经出版事业股份有限公司,2009。此外,还有王志强、俞江、赵娓妮等人的著述。

③ 张生:《民国民法典的制定——复合立法机构的组织与运作》,《比较法研究》2015年第3期;张生:《中国近代民法编纂的历史反思——以传统法的体系化改造为中心》,《社会科学家》2020年第8期。

④ 蔡晓荣:《中国近代侵权行为法学的理论谱系——知识立场的回顾与梳理》,《法制与社会发展》2013年第1期;蔡晓荣、马先科:《中国固有法中的水相邻关系及其近代衍变》,《厦门大学学报》(哲学社会科学版)2020年第6期。

解决,现有研究尚不深入。

三 地方视角下的民法实践

相对于清代法律史的研究,民国法律史从国家制度文献到基层史料保存,都有更大的优势,完全有条件和理由将既有的研究做得更加细致和深入。基于此,本书在民国民法制度沿革考据基础之上,以四川基层诉讼档案为研究材料,以新繁县为主要研究对象,辅以其他县域史料,描述在民法典颁行后,地方法律实践中所反映出的民法实践面貌。本书不仅仅关注传统民事制度在民国民法这样一个高度体系化的成文法典之中是如何进行规范的,更关注这种中西交融的民法规范在地方基层社会是如何进行实践的。

成文法典是位居权力中枢的中央政府基于国家整体性考量而制定的全国性规则体系,而中国传统治理文化的一个重要特点,就是地方与中央之间存在不小的权力距离,传统社会的中央与地方之间"说一套、做一套""上有政策、下有对策"的情况并不鲜见。在地方情况单一而讲求法律统一性的西方国家的法律实践中,央地之间的差异可能不甚突出,[①] 但在地方情况差异极大的

---

① 本处及后文多次谈及西方法这一概念,严格而论,西方国家的法律实践有着不同的特点,并未有一个整体划一的"西方法"统一体可与中国法比较,但不可否认,在一些基本的法制元素上,西方法是具有共同性的。将西方法再进行国别或民族的划分已然超出了本书的范围,本书在进行中西法对比时,力图集中于对具体制度规则的差异比较,整体性的比较也尽量从司法被动性、司法职业化等西方法治国家具有共性的特征出发进行比较。其他类似概念如"大陆法系""外国法"等,也大致如此。

中国，法律实现的真实状态则不可不察，按照罗志田教授等的说法：

> 中西文化的一个大区别，即西方的观念通常都讲究界定清晰严密，而中国的传统观念往往是中心和主体基本稳定，但边缘却伸缩波动，变多于定。中国文化是一个边缘无限开放的体系。详近略远，重中央轻边缘。凡是涉及边缘部分，都是"理想型（ideal type）"与实际并存，不可全从字面意义视之。换言之，边缘是实际与想象的交会处，其伸缩性也就蕴涵了开放的可能性。实际的认知愈广远，边缘即愈往外延伸，但仍允许有一更外的想象部分存在。①

从中央权力的边缘地带即地方基层社会来审视法律制度，更能探寻中国法律愈边缘愈模糊的实践特点，也更能反映出民国时期基层民众对民法典的真实认知。民国民法在基层社会中的形象和功能到底是什么，居于中央权力边缘的地方司法官②如何看待和实践民法典，的确是不可小视的问题。因为在中国近代化进程中，法律变革所产生的冲突不仅仅存在于时间变量上，也体现在空间变量上。

在清末修律的过程中，礼教派与法理派曾有过激烈的争论，直至民初，如何在立法上会通中西，制定一部与世界潮流接轨的民法典，仍是当时法政学界的核心问题。在这一时间段中，民法

---

① 罗志田、葛小佳：《东风与西风》，三联书店，1998，第59~60页。
② 民国时期基层司法机构多次变革，有县政府司法处、司法公署、法院等多种形式，本书将基层司法审判人员统称为司法官或法官，包括兼理司法的县长、司法处的承审员等司法裁判者。

近代化的矛盾主要是立法上的中国法与西方法在制度与理念上的冲突。其后，随着20世纪30年代民法各编陆续颁行，大陆法系的民法规范成为国家法律，立法中原有的中西法律冲突演化为以西方法为基础的中央法律体系与保留传统生活习俗并以传统中国法为基础的地方社会规则之间的冲突。换言之，法律近代化的中西冲突已由中国内部与外部（西方）的冲突逐渐演化为中国内部之间中央法律与地方司法的冲突。以移植西方法而迅速改造中国传统习惯与规则体系的成效虽显见于各类法律法规修改和司法制度的改革之中，但我们却不能据此认为法律制度的变革等同于中国基层社会规则体系和观念的根本性转变。可以想见，地方社会的基层民众和司法官在日常纠纷解决中，尤其是民事纠纷的处理中，都还受到中国传统纠纷解决机制和传统民事制度与习惯的影响。

　　因此，在民国民法颁行之后，我们其实更应该把目光从订立法律制度所产生的在中央层面的中西冲突，转移到法律制度订立之后中央法律制度与地方司法实践的冲突。这一思路虽并未能脱离近代中国法律史对"中""西"二者冲突的集中关注，却不再简单地将中国本身视作一个法律实践的整体，而是承认此时的中国内部特别是中央与地方之间存在着法律实践上的冲突，进而使得对民国民法乃至近代中国法制转型的研究更具实践意义和真实维度。

　　要指出的是，本书无意也无力建构一套系统描述中央法律制度与地方司法实践的体系化比较理论并据此得出结论，因为这样的体系化研究不仅缺乏学术资源和历史文献支撑，而且中央制度虽相对稳定，但地方法律实践却千差万别，正如前文强调不可能有一个整体的西方法、"中国法"形象一样，本书也不赞成有一个整体的"地方法"。地方法律实践千差万别,新繁县、荣县、其他基层县乃至四川省都只是也只能是民国时期基层民法实践的地方面貌之一。

对于民国民法,中央法律制度与地方实践之间的矛盾,包含着民国时期政治意义上的中央政府与地方社会的分离、法律意义上的制定法与习惯法的隔阂、文化意义上中国法与西方法的对立,乃至近代与传统、冲击与回应的种种寓意。而沿着后民法典时代的地方法律实践这一视角,也可以察觉出以往民国民法研究所忽略的多面性问题,如传统民事制度和习惯在民法典中体现出来的"西化"程度是不一样的,民法典的现代西方法律概念在地方法律实践中的认同也有差异,不同权利规范的制度设计在法律实践中的落实情况也不一,民国基层司法官在传统审断与现代司法的衔接中实践民法典的方法样貌也不尽相同,等等。

四 民国四川基层司法档案

研究民法典的基层法律实践,离不开对地方司法档案的整理和研究。近年来,许多近代司法档案已被发现、整理并出版,成为研究者的重要论据。[①] 除开放较早的台湾淡新档案外,清代最

[①] 比较突出的有田涛、邓建鹏基于黄岩档案的研究,如田涛等主编《黄岩诉讼档案及调查报告》,法律出版社,2004;邓建鹏《清代州县讼案的裁判方式研究——以"黄岩诉讼档案"为考查对象》,《江苏社会科学》2007年第3期,及其北京大学博士学位论文《纠纷、诉讼与裁判:黄岩、徽州及陕西的

重要的两大基层档案——巴县档案和南部县档案都在四川，黄宗智等人所用民国档案也以四川档案为主。四川作为抗战的大后方，大量司法档案得以较为完整地保存，四川省基层档案自然成为民国法律研究素材的首选。

秉承前述研究思路，本书主要选取了位于四川省成都市西北方约20公里的新繁县民国司法档案作为主要的论证材料。新繁县古名"繁"，《华阳国志》记载"蜀川人称郫、繁为膏腴"，蜀汉时期，后主刘禅将降民内迁至繁县，令原繁县居民迁至今新都及青白江岸地区，用以拱卫京城成都，因新迁于此，故名"新"繁。民国时期划四川为七道，新繁县属川西道，一年后改为西川道。此后四川省军阀混战，割据一方，各建防区，各防区俨然成为独立王国。1935年中央军入川统一四川军政，全省被划分为18个行政督察区，新繁县属第一行政督察区，直至1949年。1949年以后，新繁县历经多次行政建置变迁，1965年并入新都县，而后撤县设区，原新繁县档案于1959年归于成都市新都区档案馆。新都区档案馆收藏了64535卷（册）档案资料以及18个姓氏的家谱族谱。其中，清代档案11卷，民国档案5807卷。馆内资料

（接上页）民事诉讼案研究（1874—1911）》等。里赞、赵娓妮、吴佩林基于南部档案的研究，如里赞《司法或政务：清代州县诉讼中的审断问题》，《法学研究》2009年第5期；里赞《晚清州县审断中的"社会"：基于南部县档案的考察》，《社会科学研究》2008年第5期；赵娓妮《晚清知县对婚姻讼案之审断——晚清四川南部县与〈樊山政书〉的互考》，《中国法学》2007年第6期；吴佩林《法律社会学视野下的清代官代书研究》，《法学研究》2008年第2期；等等。另有基于冕宁档案的清代法律史研究，如李艳君《从冕宁县档案看清代民事诉讼制度》，云南大学出版社，2009；张晓蓓《冕宁清代司法档案案例研究》，中国政法大学出版社，2010；等等。目前，这些基于司法档案的法律史研究主要集中在清代。

内容丰富，分为党团类、政府类、司法警察类等 7 个门类。与其他基层档案相似，新都档案中的主要部分仍为司法档案，全宗号均为 159，分为 6 个目录，共计 3978 卷，包括了 20 年代、30 年代到 50 年代新繁县司法处的所有刑民案卷以及司法行政文件，其中案件共计 3500 余件，民事部分占大多数，计 2500 余件。

本书在若干论述之处，为了佐证新繁县档案反映问题（在四川基层）的普遍性，辅之以宜宾市南溪县民国司法档案、自贡市荣县民国司法档案、广安市邻水县与重庆市璧山县民国司法档案，这几个县均为民国四川基层县，其县情与新繁县略有差异，有几个县的档案反映了个别问题。如荣县，位置偏僻，与大都市相隔较远；璧山县则是民国时期华西实验区的中心县，晏阳初在那里曾开展了长达十年的平民教育和乡村建设实验。[①] 这几个县与新繁县一样，也留存了数量较多的民国档案。[②] 本书使用到的这些县的司法档案均为国民政府权力入主四川之后的档案，正是民国民法典颁行全国后的法律施行时期。当然，在论及法律变革时，除了基层司法档案外，大量的法律文献、法学著作和中央司法判决都是本书的论证材料。

如前文所述，中国地方情况各异，任何以一个县、几个县及一个地区的材料而得出全国性的普遍结论的做法都是不明智的，但如果以此否定法律地方实践的研究，认为基层档案的研究结果

[①] 参见陈廷湘等编《民国乡村建设：晏阳初华西实验区档案选编·综合》，西南文献出版社，2017。

[②] 荣县民国档案共计 32896 卷，笔者统计其中民事案件 7238 件；南溪县民国档案约 12000 卷，笔者统计其中民事案件 2788 件；另外根据其各自档案馆官方统计，璧山县有民国档案 35529 卷，邻水县有民国档案 12523 卷。

不可能带有普遍性的价值，则又走向了另一个极端。事实上，近年来法律史学界的许多方法论反思都带有矫枉过正的倾向，早先为重视实践研究，就将基层司法档案上升到极为重要的位置，似乎无档案就无法做研究；待档案整理项目日益增多，获得新档案已不再是难事后，就出现了大量以不同档案之酒装同样研究主题之瓶的现象；而新近又有轻视档案研究的趋势，一提及研究中使用某地档案，则必有某地没有典型性的方法论责难，并以此限缩基层档案的实践意义。事实上，研究材料都是为研究内容服务的，任何脱离具体研究内容而对基层档案价值过度推崇或是过度责难，都会让研究者陷入无甚必要的方法论旋涡之中无法自拔，而忘记回到问题与材料、理论与实践、结论与论据这一基本写作关系的初心。

本书以新繁县的司法档案为主要论述材料，辅之以四川其他基层县域档案史料，描述民国民法典实施后，基层民众、司法官是如何在传统社会文化与大陆法系民法体系中寻求纠纷解决方案的。由此所反映的地方司法中的基层民法面貌，已足以展示和证明民法典的立法原意、传统文化与基层实践之间复杂的关系。从这里看到的民法典，与我们笼统描述的民法典已有了不同的一面。这自然也就揭示本书所要表现的后民法典时代基层法律实践的地方性和多样性这一研究主题。因此，本书无意对司法档案所在地作出何种"典型性"的证明，恰恰相反，正是新繁县、荣县、南溪县等四川的"非典型"县域社会，构成了基层民事司法的真实面貌。从这个意义上讲，对这些"非典型"县的史料研究才恰恰显示出研究结果的"典型性"。

Chapter two

第二章

搭法典之车：传统民事制度的法典化与基层诉讼

一　移植西法

中国传统思维更接近英美经验式思维，法律规则的制定与大陆法系所依托的理性主义立法逻辑有所不同。① 传统中国立法者更擅长对感性经验进行事实性描述，而非进行概念的抽象归纳和原则规则的提炼。加之儒家思想也反对过于注重法律的形式条文而损害支撑法律条文背后的道德思想，立法者确信"根植于人类天生良知中的道德比严厉的法条更有威力"。② 因此，与西方大陆法系相比，传统中国并没有与之类似的完整抽象的民法概念逻辑体系。

由于传统中国的法典并没有在私人社会中归纳出严谨和抽象的民事权利制度，传统中国社会的财产和身份关系并不是通过逻辑清晰的民法制度得以维系的，而更多是依靠熟人社会之间的人情关系和民间习惯，因此，传统中国地方社会并不存在严格法律意义上的"民事权利"。一旦确定为"权利"，就意味着权利人有着明确而清晰的权利内容，相对人也有着明确而清晰的义务内容，人与人之间有壁垒分明的权利边界，此种区隔必然导致人际关系的疏离，这是传统中国地方社会所不希望出现的。从这个意义上讲，传统中国的民事制度与其说是一种法律上的制度，不如

---

① 刘杰：《经验·理性·民法典——认识论视角下的中国民法法典化》，《人文杂志》2003 年第 6 期。
② 马小红：《"确定性"与中国古代法》，《政法论坛》2009 年第 1 期。

说是一种习惯中的制度。

在这样的背景下,民国民法典对西方大陆法系民法典的大规模移植就不可避免地存在立法和司法上的不适与冲突。这种冲突在立法时体现为中与西的冲突,即传统的民事制度如何与大陆法系的民法理论融合产生中国的民法典;① 在体现大陆法系民法精神的民法典颁行后,基层社会文化仍延续中国传统的观念和习惯,此时的冲突又体现为中央法律规则和基层司法实践之间的差别。西方的民法和法制是其历史、文化发展的产物,我们虽然可以移植西方的某一部法典或某一项制度规则,但在付诸实施之时,便会遇到西方法律制度实施中没有的问题。② 转型时期的民事法律在中西民法传统的融合中体现出哪些特点,制度的移植是否会在立法设计和司法适用中出现"橘逾淮成枳"的状况,以及在出现这样的状况后,转型时期的基层司法官如何面对和化解这一冲突,都是需要格外关注的问题。

民国民法典自1929年起分编颁行,至1931年五编全部生效,共计1225条,总则以大陆法系民法原则为统摄,财产法以物权、债权二元结构为基础重构中国传统财产权能内容,身份法引入西方家庭财产关系替代中华传统家族秩序。在这一大陆法系民法典框架下,传统中国民事制度无外乎三种命运:第一种是中国传统特有的民事制度,其在西方民法体系中没有完全对应的制度,但

---

① 在民国民法的中西冲突与融合方面,学界在21世纪初期有较多的研究。如张生《民国初期民法的近代化》,中国政法大学出版社,2002;俞江《近代中国民法学中的私权理论》,北京大学出版社,2003;李显冬《从〈大清律例〉到〈民国民法典〉的转型》,中国人民公安大学出版社,2003;等等。
② 张伟仁:《中国传统的司法和法学》,《现代法学》2006年第9期。

出于现实需要，得以独立保留于民法典体系中；第二种是中国传统的民事制度在西方民法概念中有相同或类似的概念，这些概念以借壳上市的方式重述传统民事制度的权利内容后，也成为民法典中民事权利的一种，但由于这种概念的对应更多是翻译时的巧合，而并非中西制度上权利内容的真正一致，所以这类传统中国民事制度进入民法典后，其内涵与外延都与西方民法本身的制度不尽相符；第三种是中国传统特有的民事制度，西方没有类似的概念，而且由于各种原因无法被独立纳入大陆法系的民法体系，仍仅作为民事习惯继续在民间发挥效力。[①] 1931 年民国民法典全部颁行后，这三类传统民事制度在基层社会有着不同的司法实践，也体现出不同民事权利在后民法典时代法律实践中的不同样貌。

二 独立保留

典权是最典型的传统民事制度得以独立保留的民法典规则。"典权为我国固有制度，民间于动产不动产，均能设定。"[②]《大清民律草案》物权编起草时未对典权进行明文规定，江庸认为《大清民律草案》"多继受外国法，于本国固有法源，未甚措意"，并明确指出物权法不设"典"是明显的失误，"此等法典之得失，

[①] 参见刘昕杰《民法典如何实现——民国新繁县司法实践中的权利与习惯（1935—1949）》，中国政法大学出版社，2011。

[②] 史尚宽：《物权法论》，中国政法大学出版社，2000，第436页。

于社会经济消长盈虚，影响极巨，未可置之不顾"。① 1929 年民法典物权编对典权进行了专门规定，规定典权是"支付典价占有他人之不动产，而为使用及收益之权"（第九百一十一条），并对典权的期限、赔偿责任以及回赎权进行了具体规定。

由于西方民法将物权细分为所有权、用益物权（地上权、永佃权、地役权等）及担保物权（抵押权、质权、留置权等），这些物权形态几乎涵盖了所有西欧土地流转的法律关系，承袭德国民法的《日本民法典》也基本维持了这样的物权分类。在大陆法系民法物权分类体系下，中国传统的典权无法被上述物权形态所涵盖，也不易在这一体系中找到合适的定位。民法典最终吸纳了日本学者松冈义正的基本观点，将典权类比为日本民法中的不动产质权，放置在物权编的质权之后。对于这种立法设计，当时就有许多学者持不同意见，如李承骧就认为"现行民法将典权纳于物权编之内，别设专章，参照我国固有之习惯，与关于物权之一般理论，详加规定，不得谓非立法上之进步"，但典权"在物权编制上之位置，不无稍欠斟酌之处"，他认为这种设计将典权视作了担保物权，但典权范围较广并均具有独立性，西方民法分类下用益物权与担保物权都无法涵盖中国传统典权的概念，典权在上述规定之外，尚具有先买权、重建或修缮权、转典及转租权，且典权"其权利之自身，恒因物的关系而存在，不以其他法律关系为先驱"，此其所具有的独立性，故应置于物权之前、所有权章节之后。② 欧阳经宇也提出了典权章节位置问题，其认为典权

---

① 谢振民编著《中华民国立法史》（下册），中国政法大学出版社，2000，第 748 页。
② 李承骧：《对于典权在物权编上位置之检讨》，《法律评论（北京）》第 22 期，1935，第 9 页。

·第二章｜搭法典之车：传统民事制度的法典化与基层诉讼· 25

不属于担保物权，而是用益物权，"出典人对于典权人，并非有债务之存在，典权人占有出典人之不动产，系以获得使用收益之权利为目的"，典权应列于地上权、用佃权章节后，而非抵押权、质权之后，"体例颠倒，殊为学者所诟病"。①

除了体例上的问题，典权进入民法典的物权编之中，也对其自身的存在逻辑产生了冲击。由于传统观念对不动产的重视，"出卖祖产以应急需，虽非不孝之尤，亦属败家之征，自为农业社会人情所不愿"，② 所以传统中国社会的典实际上是土地所有者利用土地进行小额融资的一种手段，是一种为当事人解决一时贫穷困境的买卖方式，亦即可以回赎的买卖。典的核心权利就是可以回赎，也即民间常言的"一典千年活"。在传统社会的司法实践中，"在没有与之相反的明确声明的情况下，法律假定土地出售带有无限的回赎权"，③ "明清官员在审理典业纠纷时，普遍袒护卖主"，④ 这代表着传统道德伦理对出典人享有的永久回赎权的肯定。但西方物权法的权利设置出发点在于保障物的占有者，在典权关系中，物权的权利人指的不是出典人而是承典人，即保障承典人使用收益的权利。立法者试图在回赎问题上寻找一个较为合理的平衡点，但事实上，法典规定的回赎条件较为严格，给出典人的回赎带来困难。

---

① 欧阳经宇：《典权之本质》，《法律评论（北京）》第2期，1947，第9页。
② 潘维和：《中国民事法史》，（台北）汉林出版社，1982，第400页。
③ 参见〔美〕黄宗智《中国历史上的典权》，载戴少刚、屠凯主编《清华法律评论》第1卷第1辑，清华大学出版社，2006。
④ 〔日〕岸本美绪：《明清时期的找价回赎问题》，载〔日〕寺田浩明主编《中国法制史考证》（丙编·第四卷·日本学者考证中国法制史重要成果选译·明清卷），郑民钦卷译，中国社会科学出版社，2003，第447页以下。

在民国四川基层诉讼中,约半数的典权纠纷皆由回赎不畅导致。邻水县339件典权案中,仅以档案案由统计即有134件与回赎有关;南溪县35件典权案件中有12件为回赎纠纷;新繁县34件典权案件中有16件为回赎纠纷;荣县34件典权案件中涉及回赎的有16件。

典型的典权回赎案件如荣县陈万全诉陈益清一案,陈万全之父陈泗兴在民国10年(1921)将祖产瘦冲头田业出典于被告陈益清,约定典价为铜元三百六十钏,但未约定典期,典业可随时赎回。民国29年(1940),原告准备向被告赎回出典田业,却遭被告拒绝,其理由是原告之父为偿还欠债将一部分田地卖给被告,因此原告无赎回的权利。原告因赎典不成将被告起诉至荣县司法处,要求被告准许赎典。荣县司法处审理后认为,依据民法规定,买卖不动产应订立"买卖"契约,而原被告双方仅有"付约"作为凭证,又根据证人证言,订立"付约"的目的并非绝卖,而是赎取田业,因此认定原被告所立"付约"为典当契约,原告依法享有回赎权。①

类似的案件还有很多,基层司法实践中的典权争议焦点集中于两个:一是由于西方民法没有典权,既有的民法理论就无法对该概念进行阐释,所以法官需要自己在实践中去认定民间的典卖合同是否为订立典权的契约;二是因为前述观念差异,是否支持出典人的回赎权成为令法官极为头疼的问题。虽然法典对回赎权的规定比较保守,但基层法官在司法实践中倾向于对出典人回赎权进行保护。至于认定典权的问题,由于典、典当、典卖和典权

---

① 《陈万全诉陈益清案》,档案号:9-10-767,民国荣县档案。

等概念并不完全等同，如果严格适用民法典中的标准，需较长的诉讼程序，基层法官往往不愿意纠缠于法律概念的解释而径自裁判。如在新繁县王桂林诉陈有福案中，相同的法律事实，一审以"租佃"来定义和处理两造的纠纷，采用"佃与被告""承佃人"等语，二审则用"典权"来描述案情，用"典与被告""承典人"等语，从而形成两个完全不同的判决结果。① 但在对两造纠纷到底如何进行法律定义的关键问题上，一、二审都没有作出任何解释，似乎这个决定判决结果的关键问题本身并不存在。

正如有学者总结的，中国传统"典制在民间的实际运行中呈现出极其复杂、细腻、微妙的纹理和脉络"，"典在民间的使用远比官方法律文本所表现的内容要精细、深刻和丰满得多"。② 但典进入民法典，典权成为西方大陆法系民法体系中的一项法定物权，不仅未将典权的内涵界定清晰，反而使得百姓与司法机构在典权纠纷中面临新的问题。这一传统的民事制度进入民法典，却没有与其他法定物权一样，以较为清晰的权利界定及价值取向运行于司法诉讼之中。

三　重述保留

以重述概念方式进入民法典的传统民事制度较多，常见的如

---

① 《王桂林诉陈有福案》，档案号：4-212、4-704，民国新繁县档案。
② 吴向红：《典之风俗与典之法律——本土视域中的典制渊源》，《福建师范大学学报》2007 年第 2 期。

佃、债、婚姻等。在民法移植过程中，如果大陆法系民法中有相同、相似或类似的概念，则对应的传统民事制度会通过比附于西方法律概念的方式而被纳入民法典体系。以这种方式被纳入民法典体系的传统民事制度与典权不同，其独立保留于民法典的典权制度，主要的争议在于它在民法典中的制度定位，即其属性为何，并据此决定其在民法典中的位置。而佃、婚姻这类制度由于西方法律本身就有各自明确的定位和属性，其面临的主要问题是以西方民法概念重述中国传统民事制度后如何兼容与协调。

中国传统民事制度存在模糊性、复合性和地方性特点。模糊性体现于传统民事制度大多没有一个官方或权威的精准定义对其内涵和外延进行准确的界定，一项传统的民事制度往往杂糅了身份、契约、家族、金融等多种要素，形成一个权利、义务及责任的复合体，再加上中国各地民事习惯差异较大，同样一个制度，各地的实际表现与文字概况也不完全一致。因而要做到将传统民事制度以相同或相似的西方法律概念加以重述，做到既能解释进入民法典体系的合理性又不偏离该制度原有的内容，实属不易。

以佃为例。中西社会对于佃的含义本就有不同的理解，大陆法系的永佃权与中国传统社会的永佃，其渊源、内涵及意义等并不相同，中国的"永佃如同世耕、永耕，乃清代民间契约用语"，它们反映的是既有租佃关系的固定化，而西方法律中的永佃权则"是一个分析概念，其确定内涵首先来自现代民法，其渊源又可以追溯至古代罗马"。[①] 早已有学者指出，即使是中国传统社会永

---

① 梁治平：《清代习惯法：社会与国家》，中国政法大学出版社，1996，第88页。

佃中的田皮权，也比西方民法中的"永佃权包含更多的权利：一是独立的转让权，二是不得以欠租为由夺佃。将田皮权硬指为永佃权无疑削弱了田皮权人的利益"。① 不仅如此，传统中国土地关系中的佃是一种依习惯形成的财产使用关系，西方的佃则有着清晰的权利概念和制度设计，在债权和物权二元划分的理论下，物权中的永佃和债权中的租佃有着权利性质的本质区别，选择物权的佃或债权的佃意味着佃的权利属性与范围都完全不同。加之中国幅员辽阔，各地佃的习惯也不一致，在民国前期开展的民商事习惯调查中，几乎所有受调查的省份均有佃的习惯，不同地方各有"倒东不倒佃""死佃""原佃留买""租不拦当""当不拦卖""永顶""田分皮骨"等不一的说法和习惯，其内容也有一定的差别。② 试想，一方面是中国各地对于佃的概念内容并不统一，另一方面是西方民法中存在不同性质的佃制度，要把两者嫁接起来，统一成一个佃的制度规范，就自然可以预见其在概念重述和法律实践中会产生新的问题。

南溪县刘惠生诉刘少轩案中，田主刘惠生与佃户刘少轩签订了租佃协议，由刘少轩耕作刘惠生之田，每年上交粮食三十石，并缴纳押银二千钏以保证协议履行。达成协议后，刘惠生将上一个佃户缴纳的租谷一齐交由刘少轩保管，后刘少轩因不足额缴纳租谷并使保管租谷亏空，被起诉至南溪县司法处。南溪县司法处

---

① 赵晓力：《中国近代农村土地交易中的契约、习惯与国家法》，载强世功、孔庆平主编《北大法律评论》第1卷第2辑，北京大学出版社，1998，第491页。
② 司法行政部编《民商事习惯调查报告录》，司法行政部，1930，第16、17~20、31、37、439、441页等。

经审理认为，刘惠生与刘少轩约定押金为二千钏、年租谷为三十石，而刘少轩支付一千九百钏押金，未按约定足额上交粮食，并使得交由其保管的粮食亏空，故作出判决，令刘少轩向刘惠生缴纳所欠粮食七石六斗四升，除去三石六斗四升折抵押银外，刘少轩还补刘惠生等各四石。① 此案在传统佃的概念重述中，物权内涵逐渐转化至债权效力，即对佃的解释，从永佃权的佃转移至租佃合同的佃，从而间接否认了租佃的永久性。值得注意的是，此案存在法律禁止的押租和转租情况，司法官认为其具有法律效力，这种情况在基层诉讼中大量存在。

荣县杨海三诉唐则之案中，田主唐则之与佃户杨海三签订租佃契约，杨海三缴纳稳钱八百钏佃得唐则之耕地一块，同时依照租佃契约，杨海三需每年向唐则之缴纳租谷二十石整。而后唐则之以杨海三及其子杨长友与恶棍杨炳章往来密切、不足量上交租谷为由，决定返还稳钱，解除租佃关系并将田另佃他人。杨海三因此状告唐则之强逼退佃。此案经荣县地方法院审理，判决解除唐则之与杨海三的租佃关系，唐则之将与杨海三一起收获的租谷退给杨海三二石、退还稳钱七百九十钏，并令杨海三自收到给付之日起搬迁。② 此案与前案类似，一方面法院默认性质等同于押租的稳钱是合法的存在，另一方面法院认为租佃契约能够在双方出现纠纷、无法继续履行时解除，也否定了佃权的永久存续性。

出于对维护物权稳定性的考虑，法律禁止转租，"为防止出租人过度榨取起见"，耕地上的押租也予以禁止。③ 但受传统土地

---

① 《刘惠生诉刘少轩案》，档案号：2-1-502，民国南溪县档案。
② 《杨海三诉唐则之案》，档案号：9-3-249，民国荣县档案。
③ 陈顾远：《土地法》，商务印书馆，1935，第155页。

使用习惯的影响，即使是民法典颁行以后，民间押租与转租习惯依然存在。四川基层绝大多数租佃纠纷中都存在押租和转租的情况，南溪县的112件租佃案件中，除10件案记录不明外，剩余的102件中，93件明确提及了押租，14件明确提及了转租。法官在审理这类案件时，基本上都没有按照法律规定判定押租与转租无效，而是采取默认的态度，确认了押租与转租的有效性。

由此可见，将传统中国存续多年的租佃制度，以西方民法概念重述后纳入民法典体系中，存在概念内涵和权利属性的冲突甚至矛盾。基层司法实践中，司法官对传统民事制度的认知及对所涉及相关法律问题的理解，也正处于中西之间，既未完全遵从习惯，也未完全依照法律，带有明显的过渡时期特点。

四　不再保留

在民法法典化过程中，部分传统民事制度未再进入民国民法典，究其原因，有的是与西方法律的基本原则不符，有的则是一时未在民法体系中找到合适的规范位置。前者如宗祧继承，后者如合会。

宗祧继承是中国传统社会重要的身份继承制度，"一家之中，每一世系只能有一个男性嫡子或嫡孙享有宗祧继承权"，[①] 在传统民事制度中，宗祧继承的重要性远超过财产继承，但宗祧继承是

---

① 张晋藩：《清代民法综论》，中国政法大学出版社，1998，第222页。

宗法制度的产物，"背离民法宗旨"，且男子承嗣违反男女平等原则，"与现代潮流不能相同"。① 因此，民法中的继承制度剥离了原有的身份属性，仅指财产继承，宗祧继承被排斥在民法典之外。

民法典虽然排除了宗祧继承，但作为传统宗法礼教中最核心的制度之一，宗祧承嗣的观念深入人心。荣县的继承案件绝大多数涉及承嗣的问题（统计的282件继承案件中有106件与承嗣有关，比例达38%）。在许多继承案件中，嗣子身份仍是继承财产的基本前提。如新繁县陈刘氏诉陈赖氏一案，原告陈刘氏在诉状中写道："民翁患病垂危自知不起，始行帖请民翁之学生钟信恒、王瘦枝及亲族近邻保甲等，来家诉说抚嗣各节。当经民翁之同意，自愿抚得民之生女之子与民为孙，当及服同众人，由翁父与此子命名为安常二字。"② 承嗣意味着继承家业，自然包括继承家庭财产，正是由于有"抚孙安常"的存在，原告陈刘氏才向其婆婆索要公公遗产。类似的傅沈氏等诉傅张氏案中，原告傅沈氏诉称，"民前以废抚霸业情词具诉抚母傅张氏在案，述讯判决应遵。窃该张氏前于民国四年凭证抚民为子，原为继承长房后嗣起见，现有抚约为凭。今伊坚不承认致使长房绝嗣，不惟生者难甘谅想，死者亦难瞑目"。③

由于承嗣是家族中的重要问题，所以虽然法无明文规定，司法官在受理承嗣案件时却大多做模糊处理，一般会采取"有条件认可"的方式对待宗祧承嗣的纠纷，即如果是民法典颁行前的宗

---

① 李谟：《继承新论》，暨南大学出版社，2017，第4~5页。
② 《陈刘氏诉陈赖氏案》，档案号：3-269，民国新繁县档案。
③ 《傅沈氏等诉傅张氏案》，档案号：3-638，民国新繁县档案。

祧承嗣事实清楚，符合传统宗祧承嗣程序，即使判决时民法典已不再规定宗祧继承的内容，司法官仍会给出承认宗祧继承的判决结果。

与宗祧继承不同，合会制度未能纳入民国民法典，并非其与民法原理冲突。作为"中国固有的平民金融组织",① 合会是除典当之外最普遍、历史最悠久的传统民事习惯，其形式极其丰富。在前述民商事习惯调查中，有 30 余种名称不同的合会形式。基层诉讼中甚至有一起纠纷涉及四五个不同类型的合会的情况。也许正是由于传统合会形式多样，一时很难以准确的民法概念和制度加以规范，所以民国民法典并没有关于合会的明文规定，对于司法实践中的合会案件，法官基本上是采取"技术性认可"的方式予以处理。

这种"技术性认可"是在诉讼程序中以认可习惯的方式处理案件。司法官为了避免正式判决中涉及对合会的法律认定缺乏民法依据的情况发生，会在作出判决前的诉讼环节中，以传统的庭谕、批词等方式要求当事人按照合会自身的章程调解息讼。这样处理既规避了合会的民法定性，又对其习惯的约束力给予了实质性的肯定。如在荣县范清廉诉彭子商案中，司法官以庭谕的方式"令该区调解委员会合集两造妥为调解"，并在受理后再次庭谕："候令第二区乡长杨本清召集蓝福恒、范清廉并未起诉之债权人范师贤、邹绍涵、谢传义、刘定秋、王品三到场和解。其蓝福恒押有契约在会，自属优先权。余债酌提呈分红、和解不谐。"②

如果合会案件最后进入判决环节，法官需要对其作出明确的

---

① 千家驹编《中国农村经济论文集》，中华书局，1936，第 110 页。
② 《范清廉诉彭子商案》，档案号：9-3-630，民国荣县档案。

裁断时，首先会运用到的是民法法源条款"法律无规定，依习惯"的规定。如新繁县萧先智等诉陈子清案中，会员不按期缴纳会款，会首是否应当承担连带责任，法官无民法条文可循，只能判决："被告应上原告会银，业已了清，已属显然。至一二两会，不论欠原告会银多寡，依会普通习惯，首会无负责代为偿还之理，原告此部分请求，亦难成立。"法官明确强调"依会普通习惯，首会无负责代为偿还之理"，从而免除了被告的债务责任，对原告的主张不予支持。①

但由于民法没有认可合会这一传统民事制度，司法官在运用民事习惯作为法源判决时大多较为谨慎，在新繁县的22件合会案件中，司法官明确言及"习惯"者仅上述一案。其他案件中司法官用的是"技术性认可"的另一种方法，即在合会纠纷进入最终的审判时，以民法法理来说理，将其比附为其他民法制度，作出肯定的判决。最常见的是将合会视为一种契约，按照民法的契约自由原则，辅以债务关系的基本民法法理进行判决。如新繁县周绍儒诉杨福龄案中，被告提出两个用以抗辩支付的理由：一是周绍儒减免收取了其他人的支付；二是与周绍儒同住并有债权关系的第三人易坤昌对被告负有债务。② 若以现代民法原理观之，此案涉及合同相对性原理、代位权、债务抵销、内部协议的约束力等多个问题，最后法官逐一以法理说明，并要求被告按合会会章的规定偿还债务。又如荣县王一先诉廖淑珍案，涉及田园会、登瀛会、康益会三个不同的合会，荣县司法处最后结合了习惯和

---

① 《萧先智等诉陈子清案》，档案号：4-967，民国新繁县档案。
② 《周绍儒诉杨福龄案》，档案号：3-311，民国新繁县档案。

法律规定判决会款事件,依"会务惯例",依法审判"附停止条件之法律行为",将其作为债权债务关系处理。①

宗祧继承、合会等传统制度,在后民法典时代,由于未能进入民法典,成为法律之外的民事习惯,在社会上仍然存在。对于这类深植于传统社会的民事习惯,基层司法实践无法回避其社会影响。正如当时有学者在讨论废止宗祧继承制度时指出的,"宗祧继承,有数千年之历史,其印象(影响)深入民间,无后立继,几均视为当然,此种传统观念,虽非牢不可破,然所之大骤,易致横决之祸"。② 对待这些民事习惯,法官通常会非常重视其实际效力,一般会在承认该民事习惯的大前提下,在法律或法理上找到认可或包容的依据。

五 "搭车现象"

民国时期的民法近代化过程,很大程度上就是一套西方化的民法典颁行后,传统民事制度与其冲突协调并融合发展的过程。通过对上述几种类型传统民事制度与西方式民法典的讨论,笔者将传统民法制度的近代化境遇称为"搭车现象"。

传统民事习惯或制度如同要赶往现代中国民法这一终点站的乘客,并非所有乘客都可以顺利地坐上民法典这班列车:有的不

---

① 《王一先诉廖淑珍案》,档案号:9-10-895,民国荣县档案。
② 俞承修:《论宗祧继承之变迁及其在现行法例上之地位》,《法令周刊》第240期,1935。

符合乘车规定被禁止乘车，只能自行取道民间小路前往，有的乘客在路途中就迷失了，有的乘客走到之后的站台搭上了列车；上车的乘客，则需要取一个合适的西文名，在物权、债权等分隔清晰的不同民法车厢里找到属于自己的合适位置，如果没有合适的座位或者座椅本身不牢，在列车行进的过程中也会颠簸不适。

除却前文提到的几种主要类型，事实上还有一些例外情况。借助这个"搭车现象"的描述，有本身就已在车厢中的乘客，即源于西方民法理论的制度，移植至中国不需要再购票取名，如法人、公司这类概念和制度，本书不再赘述；还有原本搭乘另外车次的乘客，因道路规划改乘民法列车，如原先搭乘刑法列车的坟产，其中的一部分权能在法律近代化过程中进入物权，改乘了这趟民法列车，本书在第八章会以荣县档案为例专章讨论其特殊性。

概而言之，较之于从传统到近代背景下的民国民事司法程序在实用主义方面的一以贯之，从传统到近代的民事制度变迁则是多重样貌的，不同的制度遭遇带来的基层法律实践也是多样化的。在法典化的过程中，传统民事制度不是统一的整体，民事制度的具体内容不同，与西方法理、法律的契合度不同，在民法典概念化和体系化过程中，所表现出来的中西文化之间的冲突也是不一样的。而当民法典颁行之后，这些不同的民事制度在诉讼程序之中，又因其法律概念的一致性、制度内容的适应度、关涉人群的主动性、民间习惯的认同度，乃至与之相关的地方经济社会条件的不同，呈现出不同的法律实践形态。探究这些不同样貌的法律实践形态，对于我们更加微观地考察中西法律文化冲突的多样性，或是更加宏观地概括转型时期中国法律近代化的复杂性，都有着非常重要的意义。

Chapter three

第三章

模糊的典：现代法典的传统制度

一 典的传统

与民国民法典所设立的其他权利制度相比,唯有典权在外国法中没有直接与之对应的权利制度。近代民法确立了"物权法定"原则,即在立法者规定的物权形态之外,私人不可再自行设定物权种类,民法对物权种类的规定往往能够突显财产关系形态和立法者的价值取向。西方民法将物权细分为所有权、用益物权(地上权、永佃权、地役权等)及担保物权(抵押权、质权、留置权等),这些物权形态涵盖了几乎所有西欧土地流转的法律关系,承袭德国民法体系的《日本民法典》也维持了这样的物权分类而仅稍作了名称的变更。而中国本土的典权内容却无法被上述物权形态涵盖,于是,相对于其他物权制度,民国的典权可以视作立法者对中国传统土地关系进行法典化改造,并使之融入既有西方物权法律体系中的一次重要立法实验。

我国传统社会中的典,其渊源可溯至宋代之前的"贴卖""活卖",[①] 明清两朝律典都对典进行了专门规定,如《大明律》载,"凡典买田宅不税契者,笞五十",[②]《大清律例》也有几乎

[①] 关于传统中国典制的论述,可参见吴向红《典之风俗与典之法律》,法律出版社,2009,以及郭建《中国财产法史稿》,中国政法大学出版社,2005。

[②] 怀效锋点校《大明律·户律·典买田宅》,辽沈书社,1990,第53页。

完全相同的规定。① 潘维和先生曾指出，"近代法上典权，其标的物，仅以不动产者为限者，亦即狭义之典权"，"今日近代法上之典权确系由昔日'典卖'之'典'演化而来，广义之典权其标的物遍及动产或人身者不同"，② "出卖祖产以应急需，虽非不孝之尤，亦属败家之征，自为农业社会人情所不愿"。③ 在传统中国社会中，典不是一项民事"权利"，而是一种买卖"方式"，亦即可以回赎的买卖。这样一种典卖制度，实际上只是为当事人解决一时的贫穷困境。如果要将典视为一项权利，则传统中国倾向于出典人的权利，近代西方民法权利设置的出发点在于占有者，典权人指的是承典人。因此，传统意义上的典和被纳入西方物权法体系的典权不可避免地存在差异和冲突。

日本学者松冈义正执笔起草《大清民律草案》物权编之时，认为中国的典权制度大体与日本的不动产质权相同，而将典权视作近代西欧民法物权理论中的"不动产质"，因此他未在起草的民律草案中对典权进行明文规定。但由于典在土地关系中举足轻重，在成文法出台之前，民初大理院的判例、解释例就已多次涉及。④ 1915 年 10 月，北洋政府司法部拟定《清理不动产典当办法》，此项办法是近代最早有关典的立法，⑤ 但详看条文，其总计不过 10 条，且并未明确界定典为何物，也未明确典在物权法律体系中的位置，主要立法目的是清理以前典权交易类的积压案

---

① 田涛、郑秦点校《大清律例·户律·典买》，法律出版社，1998，第 198 页。
② 潘维和：《中国民事法史》，（台北）汉林出版社，1982，第 398 页。
③ 潘维和：《中国民事法史》，（台北）汉林出版社，1982，第 400 页。
④ 民初大理院 1913 年判决典权案 1 例，1914 年判决典权案 7 例。参见郭卫编《大理院判决例全书》，上海法学编译社、会文堂新记书局，1931，第 171～172 页。
⑤ 叶孝信：《中国民法史》，上海人民出版社，1993，第 630 页。

件，其条文除了明确规定回赎权与典期的限制以外很少涉及典权制度的其他重要内容。

在进行民事习惯调查后，从1921年开始，由大理院和修订法律馆组成的《民律草案》修订组，开始进行中华民国《民律草案》的修订，而在此草案中，物权编对典权专章立法，共17条。民国法学家也承认，此次立法"基本上，物权编和民法其他部分均为德、瑞、日民法之混合继受"，"可成为我国民法特有之创新者，厥为典权制度"，[①] 执笔编纂物权编的法律家黄右昌时任北京大学法律系教授，也是著名的罗马法专家，他在立法中对中国传统法极为重视，以典权的设置为一例，另一例是其仍将各级审判机关称为"审判衙门"，与其他四编统称"法院"相异。

如果说中华民国《民律草案》对典权的设置还有一定的个人因素的话，那么《中华民国民法》对典权的详细规定无疑是"政治精英与法律家合作"[②] 的结果，在物权编共10项的立法原则中，竟有5项是关于典权制度的，并特别说明"我国习惯无不动产质，而有典，二者性质不同"，"二者相较，典之习惯，远胜于不动产质"，"因出典人多为经济上之弱者，使于典物价突减时，抛弃其回赎权，即免于负担；于典物价格高涨时，有找贴的权利，诚我国道德上济弱观点之优点"。[③]

从立法上的否定到肯定，典权背负着维系中国独有物权制度的任务。在立法者的努力下，这样一项符合中国传统道德经济逻

---

① 胡长清：《中国民法总论》，中国政法大学出版社，1997，第23页。
② 张生：《中国近代民法法典化研究》，中国政法大学出版社，2004，第197页。
③ 胡长清：《民法物权》，中国政法大学出版社，1997，第400页。

辑的权利制度终被放置在强调商品经济逻辑的现代物权法律制度之中。但很明显，在中央立法机构执着于典权所负有的特殊立法意义和庆幸以法典维系中国传统法律文化时，处于地方的基层司法机构和典权关系中的两造对于该项近代法典中的传统权利反倒显得无所适从。

二 典概念的争议

新繁县司法档案表明，即使到了20世纪30年代，传统典卖习惯仍顽强地存续在民间。所谓典权，按照《中华民国民法》第九百一十一条的解释，是指典权人"支付典价，占有他人之不动产，而为使用及收益之权"，但与民国民法典中规定的其他制度相比，官方和民间的表达对典的含义一直都较为模糊和宽泛。民国民法典借鉴潘德克顿式的严密逻辑，其概念几乎多直接借用日本对德国法的汉字翻译，典权由于没有西方法和日本法的概念可以诠释，故而对典的立法界定，可以视作民国立法者自力更生的作品。然而，这样一种西方法律语言式的定义，不仅未将典权的内涵界定清晰，反而使得普通百姓与基层司法机构在现实纠纷中很难将典权制度纳入现代权利体系之中。加之典权所涉纠纷往往历时长、变动性大、涉及人员较广，民国立法者所塑造的一个明晰的典权概念并未被基层司法机构和两造接受。

在民国31年（1942）的黄张氏诉王沈氏案中，双方争议焦点原为典权的回赎问题，原告黄张氏将自己的三亩水田中的一亩二分典给王国章，并取得法币三千元，期限为三年，期限届满时王国章已去世，其妻王沈氏不愿意按照原典价交回水田。① 于是双方诉到法院。这是一个较为典型的典权纠纷，原告黄张氏在起诉中却一直认为其受到侵害的是抵押权而非典权：

> 为抵押逾限，违约霸耕，请传集调解，恳准原价回赎，以维征属生活，而符优待法令事。缘钧处管辖区万安乡第十八保境内，有民自管水田三亩余。民国三十一年八月拨出一亩二分与被声请人之夫王国章设立抵押权。当凭证约定，抵押法币三千元，期限为三年陆季，在最末一季开始时，氏即通知国章，嘱其准备返还抵押物。……第以设定抵押权之故，致受契约之拘束。②

黄张氏在诉状中还强调自己儿子系军人，引用优待条例中对出典人的保障条文对其主张进行支持："出征军人，于应征前设定之典权得由出典人以原价回赎。"虽然这个规定不符合黄张氏自认为的抵押，但她认为"就契约内容论，则合于民法所规定之典权无异"，因此主张可以类比援引优待条例对典权的规定，从而以原价回赎"抵押物"。③ 在整个案件中，当事人时而主张抵押，时而主张典权，时而认为两者同一，未有明确认知。

由于典与买卖的区别在于其若干年后的结果不同，即《大明律集解附例》所称的"以田宅质人而取其财曰典，以田宅与人而

---

① 《黄张氏诉王沈氏案》，档案号：3-161，民国新繁县档案。
② 《黄张氏诉王沈氏案》，档案号：3-161，民国新繁县档案。
③ 《黄张氏诉王沈氏案》，档案号：3-161，民国新繁县档案。

易其财曰卖。典可赎，而卖不可赎也"，典是一项临时性的卖，而非永久性的卖，出典人可以在未来某一时刻重新回赎典物，故而典的实质不外于应付一时之需的融资手段。但由于中国传统民间社会田土的流转形式相当复杂，而且各地习惯不同，有称"典"，有称"抵"，有称"当"①，有称"卖"，名目不一，更重要的是，双方当事人典卖关系与纠纷的产生相距时间往往短则三五年，长则三五十年，而民国民法典借助西方法律概念对此行为的法律定义多发生在典权关系形成之后。因而，如何确认双方的卖地契约为典权关系，也成为颇令司法官为难的关节。

民国18年（1929），胡俊章将其回兰塔田房地基卖与胡弼章和胡赞章，其所签契约为"抵约"。其后胡弼章分家，该田产为其子胡子周、胡子琪等所得。十年后，胡俊章之子胡子濬将胡子周、胡子琪及胡赞章告上法庭，要求回赎田产，其理由是该契约为"抵约"，并无"杜卖"的意思。该案历经一审、二审和三审，间杂多次调解，但由于"抵约"未为民国民法典规定，实百姓口语，非法律概念，因此在法律上该约到底是何性质，法院认定不一。新繁县司法处认为：

> 本件双方所订之契约，系书明抵约文书，而无典当之记载，然就该约实质审究，支付金钱之被告等占有原告不动产，而有使用及收益之权，已为两造不争之事实，据此是该

---

① 在法律上，有时候"典""当"互用或"典当"连用，其法律含义类似，如民国制定的《清理不动产典当法》。若区分概言之，不动产多称为"典"，动产多用"当"，而城市典当行所涵盖的对象主要是动产的当。本书所称典，也单指不动产，特别是田地的典。

项之约，应解为典权契约，虽被告等坚持抵约者即是抵消、抵死、抵断之意。然并无何种根据可寻，亦无若何习惯足以依据。徒托空言争执，自难以之采信。①

一审根据典权的法律含义，将两造所订"抵约"认定为典权契约，从而认定原告有回赎的权利。被告不服，上诉到四川省高等法院，二审随即推翻了原审判决，四川省高等法院认为"事实认定不能拘泥于文字，致失真意，已经最高法院著有判例"，并将一审认为是典权的"抵约"认定为买卖契约：

> 本件被上诉人之父胡俊章于民国十八年间，将其分受之回兰塔田房地基分抵与上诉人胡子周、胡子琪、胡子德、胡子善之父胡弼章及上诉人胡赞章管业，系为不争之事实。……至该契约固仅记为"抵"，并未标有杜卖字样，第契首，既已记明俊章负债过重，历年变卖田房，均因时变未获成就，而其中段与末尾，又记有分抵与胞弟弼章、赞章出银承抵管业，及粮一钱八分四厘，与二钱正，又此系双方愿意，顾全手足，不计其田之贵也各等语。已见胡俊章在当时之真意，系属卖业，并非抵押或抵当。否则，即应记明回赎期间或将来银到业回，而无须表明管业与不计其田之贵。②

四川省高等法院将该契约认定为买卖契约的理由在于该契约表达了买卖的意思，而且契约中未及载明回赎字样，司法官还认为"抵业当时之田价，被上诉人已自承每亩一百五十六元，而上

---

① 《胡子濬诉胡子周、胡子琪及胡赞章案》，档案号：4-747，民国新繁县档案。
② 《胡子濬诉胡子周、胡子琪及胡赞章案》，档案号：4-747，民国新繁县档案。

诉人所出之价，查系每亩一百八十元左右，实已在当时一般田价之上"，加上"上诉人胡子周等弟兄分家，胡俊章曾经到场为证，系为被上诉人所不否认"，所以"写的虽是抵约，实际是买约"，"尤足证明胡俊章早已将其分受之回兰塔田房基地所有权移转与上诉人等无疑"，①"原审未注意首示判例，仅拘泥于'抵'之一字，认定被上诉人请求领价交业为正当，显无可维持，应予废弃改判"。② 据此，四川省高等法院在二审中将该契约认定为买卖契约，被上诉人即一审原告胡俊章之子自然也就丧失了回赎的权利。原告虽不服再上诉到最高法院，三审仍认定两造为买卖关系，故维持二审判决。然而对于该案的审理原告并不服气，乃至胡俊章在死前还专门设立遗嘱，认定自己有赎回的权利，要儿子胡子潆坚持上诉。③

此案中，不仅各方对于典权契约的认定标准争议颇大，而且连司法官对法律术语的使用也显示出其对典权这一概念的理解模糊。两造使用的是民间习语"抵"和"当"，一审使用的概念明确为"典权"，二审则为"抵押""抵当"，三审为"抵当"，三次审理中只有一审明确解释了典权为何，以及为何认定该"抵约"即为法律上的典权契约，二审则是错误使用了"抵押"的概念，而抵押和典权在民国民法典中是两种完全不同的物权制度，三审更是直接使用了民间习用的"抵当"，而此词仅为民间对典的描述，民国民法典中并无此概念。不仅如此，二审和三审都着墨论证两造买卖关系的存在，绕开了典权的法律定义，特别是回

---

① 《胡子潆诉胡子周、胡子琪及胡赞章案》，档案号：4-747，民国新繁县档案。
② 《胡子潆诉胡子周、胡子琪及胡赞章案》，档案号：4-747，民国新繁县档案。
③ 《胡子潆诉胡子周、胡子琪及胡赞章案》，档案号：4-747，民国新繁县档案。

避了为什么该"抵约"不适用法律上典权制度的法理阐释。

此类情况还相当多,如在张永光诉王先林案中,相同的法律事实,一审以"租佃"来定义和处理两造的纠纷,采用的是"佃与被告""承佃人"等语,① 二审则运用"典权"来描述案情,用"典与被告""承典人"等语,② 从而形成两个完全不同的判决结果。但在对两造纠纷到底如何进行法律定义的关键问题上,一、二审都没有作出任何的解释,似乎这个决定判决结果的关键问题本身并不存在。

当事人甚至还会有意地利用"典"与"押"概念的模糊性来混淆契约性质。在谢联照与谢春涵典当契约纠纷案中,原告谢联照的母亲谢卢氏先后将罗家河产业部分和全部卖给被告谢春涵、谢子才父子,并分别收取价款大洋四十元和一百一十六元。民国29年(1940),原告谢联照向被告谢春涵主张十年前签订的处置田产契约为典当契约而非买卖契约,因契约中出现"押"字与"联照日后长成,该业听凭赎取,绝无丝毫阻碍意图"③ 等话语,要求被告返还田业,被告不从,原告遂将被告起诉至荣县司法处,要求与之解除典约。经荣县第三区观山乡乡公所调解,双方达成和解,原告承认是受他人唆使,伪造注有"押"字的典约,被告实际上是通过买卖契约取得的田业。

因此,很多包括回赎纠纷在内的典权案件在一开始都需要进行契约性质的判断。在邻水县刘昌氏诉刘厚安返还典业一案中,

---

① 《张永光诉王先林案》,档案号:4-212,民国新繁县档案。
② 《王先林诉陈有福案》,档案号:4-704,民国新繁县档案。
③ 《谢联照诉谢春涵案》,档案号:9-10-737,民国荣县档案。

刘昌氏之夫刘厚平于民国 23 年（1934）将继承遗产所分得的田业狍子沟田租三石、土租二斗、房屋二间出典给被告刘厚安，约定典价为八十四元大洋，但未约定返还典业期限。民国 28 年（1939），刘昌氏与其子决定用原典价赎回田业自己耕作，无奈刘厚安不肯，以物价上涨为由，要求刘昌氏支付高于原典价的价款赎回，并伪造买卖契约，证明该田地是买受得来的。为此刘昌氏诉讼至邻水县司法处，要求被告返还典产，恢复继承。该案经邻水县司法处审理认为，原告之夫刘厚平与被告签订的合同为典业合同，而非被告主张的买卖合同，因此判决原告得依市价八万四千元向被告赎回典产。①

类似的还有荣县陈万全诉陈益清返还典产案。民国 10 年（1921），原告陈万全之父陈泗兴将祖产瘦冲头田业出典于被告陈益清，约定典价为铜元三百六十钏，但未约定典期，典业可随时赎回。民国 29 年（1940），原告准备向被告赎回出典田业，却遭被告拒绝，其理由是原告之父为偿还欠债将一部分田地出卖给被告，因此原告无赎回的权利。原告因赎典不成将被告起诉至荣县司法处，要求被告准许赎典。荣县司法处审理后认为，依据民法规定，买卖不动产应订立"买卖"契约，而原被告双方仅有"付约"作为凭证，又根据证人证言，订立"付约"的目的并非绝卖而为赎取田业，因此认定原被告所立"付约"为典当契约，原告依法享有回赎权。故判决被告应准许原告赎取瘦冲头田业。②

---

① 《刘昌氏诉刘厚安案》，档案号：12-1-4068，民国邻水县档案。
② 《陈万全诉陈益清案》，档案号：9-10-767，民国荣县档案。

三　回赎的困境

在传统中国社会中,典是一种买卖方式,而这种买卖方式所代表的是作为安身立命之本的土地在传统中国社会具有的伦理价值,这种价值远不是商品经济逻辑能够衡量的,但与中国农业社会产生的伦理价值观不同,西方民法典所赖以存在的,是以促进财富流转为目的的商业社会。按照西方民法精神,典物的回赎应该有严格的限制,这样才能明晰产权、促进商品流转。而在尚处前商品经济时代的新繁县社会,以伦理性还是以商业性为价值取向来确定典物的归属,就成为一个令司法官颇为棘手的问题。

中国传统社会土地所有者往往"囊中钱空,无以治事,转而谋诸所有之物,以其所有匡其所无",① 但变卖祖产尤其是不动产,筹款周转以应付急需,乃是败家之举,足使祖宗蒙羞,故决不轻易从事,因而采取出典的方式。在典卖关系中,"土地所有权人将田地出典典权人,以获取相当卖价之金额,在日后又可以原价将之赎回,如此不仅有足够之金钱,以应融通之需,复不落得变卖祖产之讥。而典权人则得以支付低于卖价之典价后,即取得典物之使用收益权,且日后尚有因此取得典物所有权之可能,是以出典人与典权人两全其美,实为最适宜之安排。'典'由是

---

① 史尚宽:《物权法论》,(台北)荣泰印书馆,1957,第391页。

而兴，经历代而不衰"。① "对于经济上弱小的出典人，在典物价格高涨时，可作回赎，如无力回赎，又可找贴作绝，符合我国济弱扶贫的传统道德观念。"② 由此可见，典的特点和优点在于出典人可以回赎典物，而典卖关系中两造的利益纠结也全系于回赎环节。

按照黄宗智的观点，清代的"法典秉承土地永久所有权的前商业社会理想，因此允许无限回赎。同时，法律考虑到农民通常只有在走投无路的情况下为了生存才出售土地。出于对那些生存受到威胁者的同情伦理，法律试图给予贫弱者方便。它虽然通过同意尊重绝卖契约迁就了清代不断增长的买卖土地的现实，但它另外也为出典人提供了回赎土地的最大机会。在没有与之相反的明确声明的情况下，法律假定土地出售带有无限的回赎权"，③ "明清官员在审理典业纠纷时，普遍袒护卖主"。④ 而到了民国时期，由于商业经济的发展，生产要素流动性的增强，倾向于出典人的回赎权开始发生动摇。民法典颁布后，法律严格规定了典权的期限和回赎的期限，即"典权约定期限不得逾三十年"，典权定有期限者，于期限届满后，出典人得以原典价回赎典物。典权未定期限者，出典人得随时以原典价回赎典物。但自出典后经过

---

① 谢在全：《民法物权论》（上），中国政法大学出版社，1999，第456页。
② 陈灵海：《典权、典当及相关法律问题》，《华东政法学院学报》1999年第3期。
③ 〔美〕黄宗智：《中国历史上的典权》，载戴少刚、屠凯主编《清华法律评论》第1卷第1辑，清华大学出版社，2006。
④ 〔日〕岸本美绪：《明清时期的找价回赎问题》，载〔日〕寺田浩明主编《中国法制史考证》（丙编·第四卷·日本学者考证中国法制史重要成果选译·明清卷），郑民钦卷译，中国社会科学出版社，2003，第447页以下。

· 第三章｜模糊的典：现代法典的传统制度 · 51

三十年不回赎者，典权人即取得典物所有权（第九百二十三、九百二十四条）。但三十年的规定并非完全对出典人不利，民法典并未认定超过三十年的典约就完全无效，只是"逾三十年者缩短为三十年"（第九百一十二条），在法律上肯定了三十年的典权期限，使得典权人三十年的典权得到法律的保障。

在荣县伍仕修诉伍正祥案中，原告伍仕修于民国 27 年（1938）5 月将其名下龙洞冲田业一份出典于被告伍正祥，并签订典约，约定典价三百二十元大洋，由被告承典，在原告的田地上招佃收租，并约定典期为十五年，典期届满原告得以原价向被告赎回典业。民国 29 年（1940），原告伍仕修向被告主张回赎典业，并以契约约定十五年内均可用原价赎回为证，被告则抗称原告违约。荣县司法处经审理后认定，原被告约定之典期为自签订契约之日起十五年为有效记载，原告在期限届满前要求被告履行返还之义务，实属不当，故判决驳回原告诉讼请求。①

在新繁县向合津诉马大嫂案中，原告向合津之母在民国 18 年（1929）将清白乡街上铺房二间当与被告，"订立期限六十年"，由于"典权期限不得过三十年"，请求回赎。被告认为"要坐足年限，才由被告赎回"。② 审理后法庭首先认定双方契约实质为设定典权，而后判定：

> 原告主张六十年期限违背民法之规定，应不生效，不受其限制，有赎取之必要云云，不知典权存续期限虽不得逾三十年，然逾三十年者缩短为三十年，民法第九百十二条有明

---

① 《伍仕修诉伍正祥案》，档案号：9-10-404，民国荣县档案。
② 《向合津诉马大嫂案》，档案号：6-387，民国新繁县档案。

文规定。本件当约关于期限约定固属于法有违,然亦仅只超过三十年不能生效而已,其余之三十年双方仍应受其拘束,原告于此三十年期限未满之际,诉请赎回,自难谓合。①

对于出典人的回赎,典权人虽然也会据理力争,但在案件的审理上,要比典物最终绝卖实现产权转移容易得多。如游郁文诉陈永和典权期满不允回赎,"约内书明,有据可查。当期现已届满,自应取回",② 整个审理记录只有几段简单的问答:

(司法官)问:现他要赎回,你要他取否?

(被告)答:保甲长所来,去把房子□断游郁文,又没有来。

问:这房子值多少钱?

答:值六七两。

问:你要他取否?

答:我意请保甲长调解好。③

在其后的调解状中,被告陈永和直接允诺,同意回赎。成功回赎的案件能够迅速得以审结,且多一审或和解完结。类似的情况也出现在邻水县,原告包庆余于民国34年(1945)将其自业地以每石七千元价出典于被告王长才,约定回赎期为三年。民国37年(1948),原告以回赎期届满为由要求回赎田业,被告则无故推延,拒绝接受价款并霸占田业不肯退回。于是原告起诉至邻

---

① 《向合津诉马大嫂案》,档案号:6-387,民国新繁县档案。
② 《游郁文诉陈永和案》,档案号:3-256,民国新繁县档案。
③ 《游郁文诉陈永和案》,档案号:3-256,民国新繁县档案。

水县司法处，请求解除典约、返还田业。此案在案件审理阶段经乡长调解，原告与被告达成和解协议，赎回典业，最终原告撤诉。①

回赎案件的了结较为容易，其原因一方面是事实清楚；另一方面，两造事实上有着共同生活传统，典权人对于出典人维护田产祖业有一定的认同感。在传统中国社会，作为维护家族秩序的重要手段，法律严禁"子孙别籍异财"，祖上所留财产，特别是以土地、房屋为代表的不动产是作为家族延续的经济命脉和伦理依托而存在的。回赎纠纷的产生大部分也是由于出典人对祖宗之业的守护。传统中国社会的伦理观念在民国的财产流转关系中仍顽强地发挥着作用。

同传统中国社会的典制相比，民国民法典更多地遵从了商品经济逻辑，而对祖业不可轻易变卖的传统道德观念进行有意的破除。为更加有效地明确产权和降低纠纷解决成本，民国民法典将典卖的原意从倾向于对出典人的保障转向对典权人的保障，而典权人就是专指承典人，出典人不会成为典权人。由于典产回赎纠纷的解决是依据时隔多年的契约关系来确定当下田产所有权的归属，民国民法典较之前传统中国律法更严格地约束出典人的回赎可能，从而在相当程度上维护产权现有状态的合法性。

依据民国民法典，出典人要赎回典物，不仅受限于第九百二十三条第二项的规定，必须在典期届满两年内行使回赎权，否则就丧失了诉讼权利，典权人自然享有典物的所有权，而且无论出典人是否识字、是否懂法，都必须按照法律的规定，承担极重的

---

① 《包庆余诉王长才案》，档案号：12-1-1358，民国邻水县档案。

举证责任，这对于本是经济弱势一方的出典人尤为不利。在高何氏、高仁上诉高洪生案中，原告高何氏请求赎回五年前典给被告的六亩二分田，认为其所当之田"没有期限""随当随取"，① 被告高洪生则辩称，该田是其自原告丈夫处"买得"。双方各自拿出当约和卖约。支持原告成立典当主张的为该田的"粮名尚存"，而被告则请出中人作证，该田系买约取得而非当约取得。② 在这样一个无法明确了解案件事实的情况下，法院偏向维护现有的产权结构，从而以"无其他有力证据以资佐证其主张"驳回了原告的回赎请求。③

当然商品经济逻辑的倾向在基层司法中并不是相当强烈，特别是地方司法官不会不考虑对传统社会关系和伦理价值的维护，因此与立法者的意图相比，新繁县涉及回赎的典权案件中，最终出典人成功回赎典产比典权人取得典产所有权的案件更多，成功回赎的有6件，出现产权转移的有4件。

对于民国时期受到商品经济洗礼的当事人而言，回赎权不仅仅是可以重新取得典物、保证祖宗产业延续的手段，也可以成为不断向典权人索取典价、获得更高经济报酬的利器。出典人在激辩产权归属时并非都是对典物本身归属有所期待，也可能只是希望通过回赎要挟对方以获得土地更多的金钱价值。出典人可能并不会单纯在乎典物的产权是否转移，而是考虑在产权转移的时候如何使典权人给付更高的找帖④。按照民国民法典的规定，如果

---

① 《高何氏、高仁上诉高洪生案》，档案号：4-864，民国新繁县档案。
② 《高何氏、高仁上诉高洪生案》，档案号：4-864，民国新繁县档案。
③ 《高何氏、高仁上诉高洪生案》，档案号：4-864，民国新繁县档案。
④ "帖"同"贴"，新繁档案中均用"帖"，本书从档案写法。

典权人同意购买典产，会在原典价的基础上再支付一定价金，因为在出典时典权人支付的价格往往是低于市价的（这也是为了出典人能够方便地回赎），再次支付价金即称为找帖。根据民国民法典的规定，"出典人于典权存续中，表示让与其典物之所有权于典权人者，典权人得按时价找贴，取得典物所有权"，但"前项找贴，以一次为限"（第九百二十六条），因此在这一次找帖时，如何得到更高的价金就与出典人的利益息息相关了。在这样一种商业利益下，原本是期满绝卖的情况往往会引发回赎争议。只不过这个时候出典人提出回赎，也并不是真正为了维护祖业田产，而是以维护祖业的传统观念为由博取司法官的同情，最终只是为了能够在与典权人的争执中占据主动，从而取得更高的找帖价格。

张炳之就是以这种心态提起诉讼的。他指出，自己与被告张汉卿签订的典约是不定年限的，"迟早由出典人赎取，承典人不得借词阻挠，现在民诸子均已长成，急需此田耕种，借谋一家之生活"。① 在起诉书中他反复痛陈无法回赎的失地之苦：

> 殊被告借词推卸，违反约据，不允赎取，一面又支使多人向民议作买卖。然又不肯遵照时价，估以半价折买。民业拖延多日，民业已在被告之手，赎既不允，卖又失价，意欲勉强允诺，民之诸子均不允。民以贱价失业，影响全家生活，民赎卖两途，均是无法进行。查民法九百二十四条规定，典权未定期限者，出典人得随时以典价回赎典物云云。

---

① 《张炳之诉张汉卿案》，档案号：3-589，民国新繁县档案。

民得根据原约赎回典物，于法并无不合，殊遭被告恃富欺凭（贫），情实奸贪，明虽阻赎，阴实谋买，欲掷半价贱买。民一家之血产，民又以赎卖两途，权均操于被告之手，民即忍痛允受贱价，其如民之诸子均置不允，情迫莫何。①

被告张汉卿很快驳斥了其典约无期限的说法，"原词所称不定年限迟早由出典人赎取一节，查当约内载明以十年为期，期满由承当人投税管业，凭证议作时价退还"，而且指出，两造出现回赎纠纷之后，曾经"乡公所召集两造到场，成立和解条件，双方画押履行在案"。② 被告张汉卿依照和约，支付原告二万二千元，取得典产所有权，并且很快"遵照和约先后措洋一万二千元呈缴青白江公所核收"，原告父子曾"联名画押备具领结"。③ 且与原告无一证物相比，被告举出了"当约一张、批示一张、卖约一张"。④ 就此而论，原告声称的诉求实无依据，无非以回赎为名求得更高的找帖。审理过程也印证了其目的。当司法官问："你既是在乡公所答应你二万二千元田算给他，你又用了一万二千元了，为什么你用了钱，又来告别人？"原告坦白回答："是我的儿子说是别人家都在取田，我们也要取田。"而在审理的过程中，原告一再要求被告"要他添一万八千元钱"，司法官未予理睬，直接要求被告添两千元，在被告同意添加后，又说"我不答应，还要请他老辈子多添点"，直到最后收二万五千元才罢休。⑤ 张炳

---

① 《张炳之诉张汉卿案》，档案号：3-589，民国新繁县档案。
② 《张炳之诉张汉卿案》，档案号：3-589，民国新繁县档案。
③ 《张炳之诉张汉卿案》，档案号：3-589，民国新繁县档案。
④ 《张炳之诉张汉卿案》，档案号：3-589，民国新繁县档案。
⑤ 《张炳之诉张汉卿案》，档案号：3-589，民国新繁县档案。

之起诉的目的是"我的儿子说是别人家都在取田,我们也要取田",而且还一再要被告"多添点",可见并非为了维护祖业家产而回赎,而是以回赎为由试图多收找帖。此案至此和解结案,但原告之后多次反悔,以找帖价金不足为由不断推翻和解协议,① 不服一审判决、② 二审裁定,③ 直至三审驳回,最终未能索得更高的找帖。④

民国之前,典权案件中回赎纠纷的产生,一般是因为出典人背负着"被赋予重大的伦理价值而构成孝道的一部分"⑤ 的田产不得轻易转让的传统道德观念,而要与典权人争夺典物的最终归属,甚至典权人出再高的找帖也不能让祖业流失。但如果抽离当事人的个人品质而论,该案已凸显出随着民国社会商品经济的发展,出典人也并非一味地追求典物所有权的确认,其对土地经济价值的重视甚至已经逐渐超越伦理价值,即使尚未能证明这已成为引发典权回赎纠纷的重要原因。

四 两难的裁决

典权案件由于历时长,收集证据烦琐,当事人常常难以服从基层法院的判决,上诉率不可谓不高。新繁县的典权案件中,有

---

① 《张炳之诉张汉卿案》,档案号:3-589,民国新繁县档案。
② 《张炳之诉张汉卿案》,档案号:3-589,民国新繁县档案。
③ 《张炳之诉张汉卿案》,档案号:3-589,民国新繁县档案。
④ 《张炳之诉张汉卿案》,档案号:3-589,民国新繁县档案。
⑤ 张俊浩主编《民法学原理》(上),中国政法大学出版社,2000,第457~476页。

超过四成的案件两造提起了上诉，甚至有近二成的案件由最高法院进行三审结案。虽然按照新式法院模式进行审理的司法官同样注重对案件的调解——有36%的案件最终未以法院正式判决结案，包括法庭的调解和乡保的调解——但典权案件争议相对较大，纠纷难以依靠说服而平息确实是不争的事实。

不动产纠纷自身带有很多特殊性，如前所述，在传统中国的基层社会，土地、房屋对于当事人而言其意义绝不只是财产，出典人依据"有限的拥有权"[①]而进行的典卖活动"在总体上与农民对其土地有极深的个人情结有关"。[②] 这样一种深植于中国传统基层社会的制度所引发的纠纷，在民国民法典颁布之后，似乎在较长时间内都没有得到有效解决。有学者指出民国民法典制定中的问题，如在回赎纠纷中，"当时的法律相对而言比较直截了当，因而或许也相对容易执行：典权交易设想为只牵涉两方的交易。民国民法典则既坚持回赎权又允许典权的交易，可以说是为法庭带来了不少的麻烦"。[③] 但从新繁县档案来看，因典权人转典和卖出引起第三人利益问题而使案件变得复杂的情况较为少见，似乎也并未给法庭带来真正的麻烦。[④] 而司法官在处理典权纠纷时所遭遇的问题，更多的在于两个方面：一是典权的认定，二是回赎

---

① 参见 Schurmann, H. F., "Traditional Property Concept in China," *The Far Eastern Quarterly*, Vol. 4 (1956): pp. 507 – 516。
② 〔美〕步德茂：《过失杀人、市场与道德经济》，张世明等译，社会科学文献出版社，2008，第94页。
③ 〔美〕黄宗智：《中国历史上的典权》，载戴少刚、屠凯主编《清华法律评论》第1卷第1辑，清华大学出版社，2006。
④ 因典权人转当和买卖涉及第三人的案件有戴衡山案、周制宜案、高利生案、曾祥麟案，除曾祥麟案涉及二审外，其余几案均一审结案或和解结案。

的判定。

"中国的国家土地法是古代民法中最发达、最严密的部分",①而"在中国民事法律传统中,'典'是一个独特、丰富而生动的范例"。② 传统中国的典权制度是经济因素和道德因素综合作用的产物,其牵涉的权利关系具有相当程度的独特性。民国民法典的立法者试图将这一中国特色的土地关系纳入近代民法物权框架中,其努力的结果,却是在确立了"典"这样一个中国法概念之后,未能考虑典本身在中国的复杂性和多样性,而是企图以西方式统一的标准,以近代物权法权利形态描述这一在中国原为一种买卖方式的契约关系,从而脱离了中国典权制度的实际状况,使得司法官审理案件时无法明确地划分典与买卖、典与租佃、典与抵押的相互关系,而老百姓使用的典、抵、当、押,甚至一部分的租、佃、卖,其内涵实际上都是法律文本上的典,换言之,法律文本中的"典"和老百姓生活中的"典"概念在内涵和外延上都不能等同,因而造成司法官在审理典权案件的过程中,常常各说各话、词不达意。正如有学者指出:

> 这不仅是说:在中国法律传统中可以发现许多有关典权的法条、文本或案例,更重要的是,典制在民间的实际运行中呈现出极其复杂、细腻、微妙的纹理和脉络——实际上,

---

① 郑学檬:《唐宋制度变迁的视角之一:土地产权》,载云南大学中国经济史研究所等编《李埏教授九十华诞纪念文集》,云南大学出版社,2003,第200~209页,转引自吴向红《典制中成文法和习惯法的整合》,《法商研究》(哲学社会科学版)2007年第4期。

② 吴向红:《典之风俗与典之法律——本土视域中的典制渊源》,《福建师范大学学报》2007年第2期。

做（作）为"生活着的制度"，典在民间的使用远比官方法律文本所表现的内容要精细、深刻和丰满得多。①

而在典物的回赎问题上，不能看不到经济发展对于纠纷增长的刺激。岸本美绪已极有说服力地证实明清土地价格上涨与找帖回赎纠纷间的联系。② 而民国早期许多地方土地价格上涨也增加了典的回赎纠纷数量。正如 1915 年大理院说明的那样：

> 现在地价渐昂，当时贱价典当者，群思收赎以图余利。受典当之户，业经数十百年，久已视为己物，亦决不愿任其贱价赎回。此种种缪戾所由起也。③

民间常言"一典千年活"，④ 这代表着传统道德伦理对出典人享有的永久回赎权的肯定，但商业经济的推进不能容忍产权长期归属不明。民国民法典试图在对回赎权的肯定与限制之间寻找一个较为合理的平衡点。但立法者未能在制度上将传统道德伦理对出典人的保护和现代商品经济对典权人的保护有效地统合起来，实际上也难以协调，从而造成在现实案件中，法典规定回赎条件较为严格，给出典人的回赎带来困难。到抗战时期，福建省政府

---

① 吴向红：《典之风俗与典之法律——本土视域中的典制渊源》，《福建师范大学学报》（哲学社会科学版）2007 年第 2 期。

② 〔日〕岸本美绪：《明清时期的找价回赎问题》，载〔日〕寺田浩明主编《中国法制史考证》（丙编·第四卷·日本学者考证中国法制史重要成果选译·明清卷），郑民钦卷译，中国社会科学出版社，2003，第 447 页以下。

③ 郭卫编《大理院解释例全文》，上海法学编译社、会文堂新记书局，1931，第 171~172 页。

④ 李婉丽：《中国典权法律制度研究》，载梁慧星主编《民商法论丛》第 1 卷，法律出版社，1994，第 373 页。

第三章 | 模糊的典：现代法典的传统制度

特别向行政院澄清"从前典当之产业无力回赎，请设法救济"，于是1945年的国民政府最高委员会，就曾有讨论"将民法第九百二十三条第二项予以修正，以苏民困"，此后司法院还拟定了典权条例草案准备递交审议，[①] 可惜由于时局不济，对典权的立法修正未能实现。但是就基层司法而言，地方司法官不会考虑典权所蕴含的历史和现实意义，而是面对具体的个案。在审理典权纠纷案件时，他要面对的，一是在典权概念上如何沟通和理解西方法与民间习惯的概念认知，二是如何在传统伦理与商业逻辑的制约下平衡典卖双方赎取与绝卖的诉求。较民国民法典的颁布，许多典权的确立时间往往十分久远，两造在订立典约之时，尚未有对回赎的具体规定，要说服出典人接受事后法则的追及力依靠的常常不是当事人对法典的认同，而是"县官不如现管"的权力强制。所以典权案件庭审记录往往以当事人表示"遵令"结尾，两造是否真的心服口服就很难考证了。

[①] 中国第二历史档案馆：《立法院全宗》，11-369，转引自张生《中国近代民法法典化研究》，中国政法大学出版社，2004，第246~247页。

Chapter

four

第四章

游离的佃：传统制度的民法重述

一　佃的传统概念

佃，即租佃，是传统中国一项重要的土地制度，其在中国各时期和各地区的表现形式虽各有特点，但核心关系均为佃户通过支付对价而从土地所有人处取得土地的使用权。有人考证西周中期已有租佃关系的存在，而最早单独使用"佃田"一词的租佃契约文书出现在唐代贞观年间。[1] 明代以后，租佃关系已成为民间土地关系中的主要形态，"吴中之民，有田者十一，为人佃作者十九"。[2]

租佃关系发展的一个结果是佃户的权利逐渐扩张，长期租佃关系得到长足发展。"同一地块分为上下两层，上地（称田皮、田面等）与底地（称为田根、田骨等）分属不同人所有"，"含有可以自由处分各自标的物的权能"。[3] 由于普通田地的买卖，购买人要缴纳的契税法令税率是3%（若考虑到火耗则更高），而"田皮买卖则只要有中人证明，买卖双方价格商妥、价款清结，

---

[1] 参见武航宇《中国古代租佃契约文书考析》，硕士学位论文，吉林大学，2005，载张传玺编《中国历代契约会编考释》，北京大学出版社，1995。

[2] 顾炎武著，黄汝成集释《日知录集释》，栾保群等校点，花山文艺出版社，1990，第466页。

[3] 〔日〕仁井田陞：《明清时代的一田两主习惯及其成立》，姚荣涛、徐世虹译，载刘俊文主编《日本学者研究中国史论著选译》第8卷，中华书局，1992，第411页。

即算已经成交，没有任何纳税的手续，省事简便"，"事后也少麻烦"，①因此，田面交易逐渐活跃于民间经济生活，在许多地方，佃户可以将田面自由买卖或遗赠，田皮有其市价，占有田皮者可以随时将之出售，换取现金，佃户"不再是无产的农户，而是田产的主人"，②即所谓的"一田两主"。③民初的民事习惯调查中对此多有记录，如：

> 查江苏佃户佃种田亩有肥土之称……相沿日久，佃户竟持其永佃权，视为一部分之所有权，不准业主自由夺佃，业主亦无异议。故该习惯近今之效力，佃户可使子孙永久耕种，或任意将田面部分（及永佃权）变卖抵押，即积欠田租，业主提出诉讼，只能至追租之程度为止，不得请求退佃。遇有此项案件，按照习惯效力办理，两方尚能折服。④

根据20世纪30年代苏南的一项调查，田面田底分离的土地情况，苏州有90%，常熟有80%，无锡也占有50%。在既有的土地情况调查档案中，这一比例一直持续到解放后的土地改革时期都未发生大的变化。⑤民国时期的人口增长和土地资源的稀缺

---

① 赵冈：《永佃制的经济功能》，《中国经济史研究》2006年第3期。
② 赵冈：《永佃制的经济功能》，《中国经济史研究》2006年第3期。
③ 〔日〕仁井田陞：《明清时代的一田两主习惯及其成立》，姚荣涛、徐世虹译，载刘俊文主编《日本学者研究中国史论著选译》第8卷，中华书局，1992，第411页。
④ 司法行政部：《民商事习惯调查报告》，1930年印，（台北）进学书局1969年重印版，第317页。
⑤ 参见何梦雷《苏州无锡常熟三县租佃制度调查》，1934；华东军政委员会《苏南土地改革文献》，1952。均转引自杨国桢《明清土地契约文书研究》，中国人民大学出版社，2009，第97~105页。

也进一步促进了租佃关系的广泛化，从 1931 年到 1936 年，成都平原各县自耕农比例从 26% 下降到 2.48%，佃农比例增加到 57.8%，其中成都及周边新繁、新都等县佃农比例均达到 70% 左右。到 1946 年，四川全省土地出佃比例达 81.3%。[1] 从明清至民国时期，各地方言术语不同，"田面权""皮骨分离""一田二主""死佃""永佃""世代耕种"等，都在用以描述这样一种租佃关系。民国时期，可能各地情况不一，但租佃的广泛性和固定化已成为基层土地关系的重要形态。

二 物权还是债权

传统中国的租佃关系在纠纷诉讼到官府之前仅仅作为一种民间习惯存在，佃户具有的权利实际上由双方协商达成，并未有法定的具体内容。对于永佃，清政府为鼓励开垦荒地，一开始持肯定的态度，[2] 但由于影响到地方赋税收入，并易于产生皮骨纠纷，故而在地方官员看来，永佃成为一种"恶习"，一些省例和官箴

---

[1] 各数据参见中国农民银行四川省农业经济调查委员会《中国农业银行四川省农村经济调查报告（第七号）：四川省租佃制度》，中国农民银行，1941，第 5～6 页；赵宗明《四川的租佃问题》，《四川经济季刊》第 2～4 期合刊，1947 年，第 28 页。对于成都平原租佃关系的经济社会史研究，可参见李德英《国家法令与民间习惯：民国时期成都平原租佃制度新探》，中国社会科学出版社，2006。

[2] 于敏中等修《钦定户部则例》卷七《田赋·开垦事宜》，海南出版社，2000。

都明确禁止永佃或一田二主。① 清末立法者在制定中国民法时，用西方民法中的"永佃权"概念定义中国传统的租佃关系，将其规定到《大清民律草案》的"物权编"之中，并专设永佃权一章加以规制。其时学者释义道：

> 永佃权者，支付佃租，而于他人土地上为耕作或牧畜，利用他人土地之物权也。其权利人谓永佃权人。……与地上权之异点，盖在以耕作、牧畜为目的，以支付租佃为要件之二端。所谓耕作者，为栽培植物施劳力于土地之谓。牧畜者，以收益为目的而饲养畜类之谓。佃租为使用土地之代价。惟关于栽培植物及支付租佃二点，亦颇有与地上权相似者。……至于吾国，租佃田地之习惯，由来已久。故本律亦承认之为一种物权，以明其权利义务之关系。②

按照近代民法物权和债权的区分，物权为对世权或称绝对权，权利的义务对象指向所有人，当一项权利在民法中被视作一种物权时，意味着它着重于保障权利的稳定性。而债权为对人权或称相对权，仅对债权关系中双方当事人有效，债权的产生即是为了消灭，为了加速财富的流动。当佃作为永佃权存续时，就如清末立法所体现出来的，它被纳入物权的规则范围内，于是永佃权人所拥有的权利与所有权相差无几，即使是所有权发生变动，永佃权人的权利也不受影响，而且永佃权人转让权利也不受所有权人的限制，这都是因为作为物权的永佃权是具备对世效力的。

---

① 杨国桢：《明清土地契约文书研究》，中国人民大学出版社，2009，第89页。
② 邵义：《民律释义》，王志华勘校，北京大学出版社，2008，第391页。

这样一种立法情况延续了对明清之际产生的"一田二主"现象的回应。民初大理院也按照物权债权的二元区分来解释佃的物权效力：

> 永佃权系物权性质，无论业主更换何人，当然永久存在，不受影响。现租系债权性质，仅对于原业主得以主张，如新业主并无允租，当然无强求之权。佃权为物权，不因业主更换而受影响。（民国3年上字三〇五号）①

民国民法典的主要制定者之一史尚宽论述道：

> 中国的永佃权，旧称之为佃，户部则例"民人佃种旗地，地虽易主，佃户仍旧，地主不得无故增租夺佃"，盖即永佃权之意……，亦有田面权（永佃权）与田底权（土地所有权）之称。②

司法院也多次将传统的田面权作永佃权解释：

> 田面权，既系由佃户承垦生田而来，其承佃纳租及得将权利让与他人各情形，与民法第八百四十二条规定永佃权之性质相当，自可以申请以永佃权登记。（院解字第1703号）③

又如：

---

① 郭卫编《大理院判决例全书》，上海法学编译社、会文堂新记书局，1931，第182页。
② 史尚宽：《物权法论》，中国政法大学出版社，2000，第206~207页。
③ 蔡墩铭主编《民法 立法理由·判解决议·令函释示·实务问题汇编》，（台北）五南图书出版公司，1997，第757页。

> 田面权，如系支付佃租，永久在他人土地上为耕作或牧畜之权，自应视为永佃权而为该项权利之登记。田面权人得不经田底权人同意而将田面权出租之习惯，虽与民法第八百四十五条之规定不合，亦仅不得依以排除同条之适用，其田面权仍不因此而失其永佃权之性质。倘来问所谓辗转租让，实系永佃权之辗转让与，则为民法第八百四十三条之所许，尤无问题。（院解字第3743号）[1]

该解释所称民法第八百四十三条和第八百四十五条，系永佃权可以转让但不得出租的规定。由此可见，在清末和民国的民法理论中，传统的佃，被理解为田面权人和田底权人之间的权利关系，而这种关系又被对应于西方民法的永佃制度，田面权人成为永佃权人，田底权人成为土地所有权人。

这种物权的认定并不是一成不变的，早在民初，大理院的解释中虽承认永佃权，但却赋予了所有权人以补偿方式收回土地的权利：

> 永佃权人虽不欠租，然地主欲自种，或因其它必要情形，亦许收地，唯佃户因收地所受之损失，非给以相当之补偿不可。[2]

这种动摇在20年代之后愈发明显。一方面是在永佃权制度

---

[1] 蔡墩铭主编《民法 立法理由·判解决议·令函释示·实务问题汇编》，（台北）五南图书出版公司，1997，第759页。
[2] 郭卫编《大理院解释例全文》，上海法学编译社、会文堂新记书局，1931，第950页。

内，对田面权人的限制不断加深。民国 17 年（1928）最高法院在判案时规定，对于永佃权，若有短租现象，足以成立撤佃之理由。随之，各省的地方审判厅尊奉中央限制永佃权之精神，禁止永佃农民参与田产交易或出卖田皮（使用权）。① 在浙江等地，佃业仲裁委员会动辄否定新产生的永佃权和佃户单独出卖田皮之权利，极力维持所有权与使用权的结合；② 在崇德县，"从前佃户只要不欠租，业主就不能收回田面，但是这个习惯在民国十六年以后逐渐发生变化，合同中也会写上，在地主需要时，可以随时自由地收购田面，佃户对此不能拒绝"。③

更重要的是，在另一方面，在民国民法典中，永佃权的法律条文虽一直延续，但传统中国民间的租佃却并未一如始终被视作永佃权。立法者对西方民法中"永佃"一词的理解，从强调"佃"（凡佃即为永佃）到强调"永"，为认定永佃权设置了越来越多的条件。将《中华民国民法》与《大清民律草案》加以比较，可以发现立法者将原来的永佃权存续期由"二十年以上五十年以下"（《大清民律草案》第一千零八十九条）变为"永久"（《中华民国民法》第八百四十二条）。一般认为其原因在于立法者将"永佃权"之"永"理解为"永久"，是为了实现"耕者有

---

① 转引自李三谋《民国前中期土地贸易之特征》，《中国农史》1998 年第 2 期。
② 《国民导报》（1930 年 12 月 30 日）、《上海新闻报》（1930 年 3 月 6 日，4 月 5 日），均转引自李三谋《民国前中期土地贸易之特征》，《中国农史》1998 年第 2 期。
③ 〔日〕仁井田陞：《明清时代的一田两主习惯及其成立》，姚荣涛、徐世虹译，载刘俊文主编《日本学者研究中国史论著选译》第 8 卷，中华书局，1992，第 411 页。

其田"及遵循我国历来之习惯。① 但实际上，由于本条款是对永佃权的法律定义，其更改也就不可避免地提升了永佃权的认定标准，换言之，即便是符合原"二十年以上"标准的租佃契约也可能因为当事人没有"永久"的意思表示而不被视为永佃权。于是在此条款下，传统租佃关系成为民法中永佃的可能性就极大地减小了。在民国民法典永佃权的立法理由中，立法者解释道：

> 查（前清）民律草案第一千零八十六条理由谓各国永佃权之制度不一……谨按至永佃权之设定行为，既属永久，自应不定期限，方符永佃权之要件。如定期限，则视为租赁，关于一切效力，自应适用租赁之规定。②

可见，到民国民法典颁行时，法律将原来仅视为一种物权存在的佃，明确地分割为两个部分：一类是作为物权的佃，即用益物权中的永佃权，佃户作为永佃权人享有和行使物权权能；一类是作为债权的租赁权，即合同法中的租赁契约，佃户只能依据与所有权人签订的租赁契约享有有限的合同权利。

然而，无论是物权的佃还是债权的佃，都源于所有权人和佃户之间所签订的租佃契约。因此官方确立了"佃权与租赁权之区别，以契约内容为断"（民国3年上字第六八八号）③的司法标准，而且特别说明，必须是"永久"租佃性质的契约才享有永佃

---

① 梅仲协：《民法要义》，中国政法大学出版社，1998，第566~567页。
② 蔡墩铭主编《民法 立法理由·判解决议·令函释示·实务问题汇编》，（台北）五南图书出版公司，1997，第757页。
③ 郭卫编《大理院判决例全书》，上海法学编译社、会文堂新记书局，1931，第182页。

权。但问题在于，在民间的租佃关系中，双方当事人只会依照传统习惯签订一张"租佃契约"，而不可能具备现代民法的权利意识，明定该契约是设置物权契约还是债权契约，加之租佃期间的约定会因为各地的习惯不一，因此判断是否具有"永久"之意，就只能归于司法官员的自由心证。

民初司法实践中对租佃契约所产生的权利性质是倾向于认定为永佃权的，大理院多次判解都对永佃权的设立采取宽泛标准，如认为"佃约不能释为定期者，即系永久存在"（大理院2年上字第一四零号），① 甚至认为"佃权设定，不以订立书据为要件"（大理院7年上字第一二六五号）。② 实际上民法典立法者在物权编立法原则中，专门用一条说明此标准，即定期合同为租赁，不定期为永佃：

> 佃权之设定定有期限者，视为租赁。说明：佃权本有永久存续之性质，故定为有期限者，即视为租赁适用债编关于租赁之规定，以示区别。③

民国民法典制定之后，司法实践对永佃权的认定日趋严苛。特别是民法典租赁契约部分有一条相关条款：

> 未定期限者，各当事人得随时终止契约。（第四百五十条）

---

① 郭卫编《大理院判决例全书》，上海法学编译社、会文堂新记书局，1931，第182页。
② 郭卫编《大理院判决例全书》，上海法学编译社、会文堂新记书局，1931，第185页。
③ 《中央政治会议第二百○二次会议议决》（民国18年10月30日送立法院）。

基于此，原先未在契约中申明期限，应可视为永佃权的情况下，该契约也多被视为租赁合同，所有权人也多利用此条款主张认定其为未定期之租赁契约并请求退佃。在新繁县所存租佃案件中，仅有6件的租佃契约定有明确期限或有"暂佃"字样，其余租佃契约均未定期限，南溪县情况类似，未定期限的租佃近九成（见表4-1）。

表4-1　租佃契约的定期与未定期情况

县	总计	未定期限租佃契约数量及占比	定期限或有"暂佃"字样数量及占比
新繁县	176件	170件（96.6%）	6件（所涉案件的目录号-案卷号：6-527、5-141、3-384、6-266、5-267、4-966）（3.4%）
南溪县	112件	99件（88.4%）	13件（所涉案件的目录号-案卷号：2-1-474、4-1-290、4-1-300、4-1-1292、5-1-471、5-1-829、5-1-1493、5-2-13、5-2-46、5-2-476、5-2-2094、5-2-2177、5-2-2254）（11.6%）

可见，此类不定期限的租佃契约实系当时民间租佃关系之常态。典型如新繁县宁伯刚诉宁汤氏一案，原告宁伯刚佃十亩田与被告宁汤氏耕种，每年收取利谷。数年后，原告认为不值，要求退佃。被告则认为，水田十亩曾当堂立约"永由"其"自行招佃耕种"，借款视作"压租银"，"租佃契约当然系有永佃性质，与普通契约大有差别"。① 但司法官却判决：

> 查两造为不定期之租佃，被告又未亲耕其田，则原告向

---

① 《宁伯刚诉宁汤氏案》，档案号：6-26，民国新繁县档案。

其退佃被告自不能霸田不交,至被告竟以该田业系原告指拨招佃耕种,有永佃性质为由抗不交田之理由,无论原告曾否售卖被告田业又原告是否指拨田业十亩与被告招佃耕种,但提不出有力证据足资考证,殊不足采,应予驳回。①

由此可见,在认定未定期限租佃契约为租赁关系,并将永佃的举证责任完全交由佃户承担之后,民国民法典对中国传统佃的认识重心,就逐渐从物权的永佃关系转变为债权的租赁关系,而大多数租佃关系中佃户所享有的,也不再是物权关系中的永佃权,而仅仅是合同关系中的租赁权。

三 押租与转租

有鉴于传统中国租佃关系的重要性和广泛性,民国立法机构先后通过了多项专门法律来规范租佃行为,包括《佃农保护法》(1926)、《保障佃农改良租佃暂行办法》(1929)、《业佃纠纷仲裁法草案》(1929)、《土地法》(1930)、《租佃暂行条例》(1932)等。这些法律规范为规范土地关系的专门性法规,由于不涉及民事权利体系的协调,因此未对租佃关系性质作出明确的规范(《土地法》就将租佃视作租借关系),但却对传统租佃关系中两个重要的民事习惯——押租和转租——明令禁止。

---

① 《宁伯刚诉宁汤氏案》,档案号:6-26,民国新繁县档案。

所谓押租，是指所有权人在交付租佃之前向佃户收取所佃土地的押金。押租实为土地所有权人为保障地租收取的保证金，"议田之初有押租钱，其数视岁租多寡为率，益以杜抗租不完之弊"，① 随着可耕种土地的减少，押租的不断增加加重了佃户的负担，为贯彻"二五减租"的政策，民国政府在《佃农保护法》中规定，"凡押金及先缴租顶全部或一部等恶例一概禁止"，《租佃暂行条例（草案）》中"保障佃农办法原则"第五条也规定"押租金及类似押租之抵押品应严行禁止"，《土地法》第一百七十七条第二项更明确指出，"出租人不得预收地租并不得收取押租"。

然而押租不仅未随法令的禁止而消失，反而不断增加。直至30年代，新繁县所在的成都平原押租制度仍十分盛行，且押租金高，并呈上涨趋势。根据陈太先的调查，1934年新都县（新繁邻县）外北镇每亩押租平均为九点二元，到1938年上涨到了十一点六元。②

但在新繁司法档案的记录中，这些对押租的禁止法规并未得到贯彻。在贾源卿诉胡乐山案中，被告胡乐山于1932年8月经过中证佃得原告贾源卿田业十八亩，安押八百四十元。五年后，因为原告"需银应用，迫民外加押银二百八十元，退不由退，取又弗取，并自愿一百四十九付给利谷三石五斗"，③ 双方立有佃约为证。后原告起诉要求解除契约关系并还本付息。本案原被告双方

---

① 《平江县志》卷九《地理志·风俗》，转引自樊树志《农佃押租惯例的历史考察》，《学术月刊》1983年第4期。
② 陈太先：《成都平原租佃制度之研究》，载萧铮主编《民国二十年代中国大陆土地问题资料62-64》，（台北）成文出版社、美国中文资料中心，1977，第32512页。
③ 《贾源卿诉胡乐山案》，档案号：4-758，民国新繁县档案。

订立租佃契约的时间为1932年，此时押银已被严格禁止，但双方当事人并未认为押银有何不妥，而且原告的诉讼策略是称其与被告间订立的契约为借贷契约而非租佃契约，因为就连原告也都确信租佃契约无法取回押银。司法官在审理时也未主动触及押银的法律效力问题，而是仅就当事人的要求进行判决。他先确定了双方的契约为租佃：

> 本件原告起诉主张终止借贷，查双方所定契约乃租佃关系。原告于言辞辩论中请求终止租佃，应依言辞辩论中请求予以判决，特先说明。①

然后终止双方租佃关系，并要求被告收回押银：

> 按租佃契约未定期限者，各当事人不得随时终止契约，为法所明定，查本件两造所定契约为不定期之租佃。为照前示法条，仍得随时终止，况被告又未亲耕其田则原告以利谷过重，向其退佃。被告不得以取佃非时为其抗辩之理由，殊不足采，现着被告收回押银，将田交清，以免滋讼。爰依民事诉讼法第七十八条，判决为主文。②

此情况并非个案，而在新繁县几乎所有的租佃案件中，佃户交付押租的情况都存在，却没有一件是因为佃户依据法律要求退回缴纳押租而产生。押租纠纷只是发生在租佃关系解除之后，佃户要求土地所有权人退回押租。亦即是说，在租佃关系中，佃户

---

① 《贾源卿诉胡乐山案》，档案号：4-758，民国新繁县档案。
② 《贾源卿诉胡乐山案》，档案号：4-758，民国新繁县档案。

缴纳押租实际上已得到双方乃至社会的承认，而押租纠纷是在承认这种押租的前提下在退押环节发生的。在新繁县所有租佃案件中，除12件约定的是押租米或押租谷外，其余均为押金或押银，即以银元、银两或者当时流通的货币为押租形式。法院在面对这类情况时，多采置之不理的态度，司法官在判决中均未提及任何关于押租违反法律规定的情形，而是在基于承认押租合法的前提下，将其和租佃契约同时判决，租佃契约终止则退佃退押。

同时期的四川南溪县，押租现象也较为常见，112件租佃案件中，有93件明确存在押租，仅2件明确无押租，另有17件记录不详（见表4-2）。在刘树云与刘树三租佃纠纷一案中，原告刘树云与被告刘树三签订佃耕协议，由刘树云租佃刘树三金银窝田地一段用以耕作。后刘树云将该田地转租给谢文齐耕作，与谢文齐解除转租协议后又与刘洪钦签订转租协议，并约定了押金与年租谷。后因转租佃户刘洪钦与田主刘树三勾结不按规定缴纳年租谷并将原佃户所佃田地转佃他人，原告收不到租谷、退佃不成、返还押金不成而将被告起诉至南溪县司法处。①

表4-2 租佃纠纷中的押租情况

	新繁县		南溪县	
	案件总数	存在押租情况	案件总数	存在押租情况
案件数（件）	176	174（2件不详）	112	93（2件无押租，17件不详）
占比（%）	100	98.9	100	83.04

王洪清诉张少渠案与之类似，原告王洪清与被告张少渠签订

---

① 《刘树云诉刘树三案》，档案号：2-1-290，民国南溪县档案。

租佃协议，由王洪清租佃张少渠田地耕作，并约定缴纳押租与每年上交租谷数额。后佃户王洪清欲与田主张少渠解除租佃关系，并要求退还押银，张少渠以王洪清拖欠田税、不按约定缴纳租谷和霸占上一佃户存留租谷为由不退还押银，王洪清不服提起诉讼。①

在南溪县这些涉及押租的案件审理中，司法官一般也都不会深究押租违反法律的问题，而是对押租的处理进行衡平裁决。民国23年（1934），佃农与田主王海澄签订租佃协议，约定佃农佃得田主土地一块，佃农利用土地耕作收割的粮食应与田主平分，作为履行契约的保障佃农需向田主缴纳一千六百钏铜钱押银，由田主在解除租佃协议时如数退还。主佃双方解除合约后田主王海澄不按约定数目退还押金并自行收割解除合约前的粮食不与佃户均分，原告因退回押金多寡、平分粮食的数量不符合合约约定，将被告起诉至南溪县司法处。南溪县司法处经审理认为，事关协议解除后的执行问题，争议焦点为押银与租谷两部分，判决田主如数退还押金、佃农搬离田地，所欠租谷部分由于证据不足则交由二区署调解。

> 本案除双方早已解约为不争之事实外，应审究考而稳首租谷两点而已。至于稳首部分：本案稳首一千六百钏该王选卿既自认已领用三百二十钏，则其余一千二百八十钏当然应责王海澄如数回退，唯王选卿亦应随即搬迁。②

---

① 《王洪清诉张少渠案》，档案号：2-1-321，民国南溪县档案。
② 《王选卿诉王海澄案》，档案号：2-1-432，民国南溪县档案。

在赵达君与张玉廷租佃纠纷案中，赵达君与张玉廷事先签订佃耕协议，约定张玉廷租佃赵达君名下田土一股用来耕作，并每年向赵达君缴纳收割的粮食十七石，同时作为合约成立的条件，张玉廷应向赵达君缴纳一千钏押租以保障合约顺利履行。后来张玉廷违背租佃协议，不足量上交粮食且强行要回部分押金，赵达君遂起诉至南溪县司法处，要求解除租佃关系。司法处经审理后判决赵张二人解除租佃关系，并判决赵达君返还押租，① 也表明了司法官对于押租的默认态度。

与此类似的情况也表现于租佃关系中的转租习惯。在新繁县所有租佃案件中，存在转租情况的占 1/4，南溪县也有 1/8（见表 4-3），可见转租行为之普遍。而转租将原有的租赁双方法律关系变成了租赁方与承租方、承租方与转租方的两对法律关系，而后者为《土地法》所禁止。在向露泉诉唐益三案中，原告向露泉于民国 22 年（1933）"以压银八百零四元承佃周瑞臣田产七亩零四分八厘"，同时将其中的三亩六分八厘"转佃于"唐益三，"取压洋四百八十元，并议定除扣压洋利息外每年纳租谷三斗九升，其余的三亩八分转佃于李建廷耕种"，取押银二百四十元，议定除扣压洋利息外，每年纳租谷一石九斗四升。② 简单计算，向露泉向周瑞臣交付押银八百零四元，后取得唐益三和李建廷押银共计七百二十元，同时向露泉每年从唐益三和李建廷处分别收取租谷三斗九升和一石九斗四升，共计二石三斗三升，其中一石要交给周瑞臣作为利谷。原告向露泉从中赚取的是每年一石三斗

---

① 《赵达君诉张玉廷案》，档案号：2-1-355，民国南溪县档案。
② 《向露泉诉唐益三案》，档案号：3-124，民国新繁县档案。

三升的租谷，而其付出的代价是八十四元的押银。到民国 25 年（1936）原告向露泉因"需款迫切"，"欲将己所出之压洋全部收回"，遂向唐益三和李建廷交涉欲"转移全部佃权"，使其直接向田主周瑞臣承佃，被告坚决不允许。① 于是原告起诉到新繁县司法处，新繁县司法处司法官段从康认为，"本案被告人对于原告应否顶替全部佃权之责以有无契约为断"，② 因此判决：

> 查被告所出佃约并未注明加压及顶替情事，自不受拘束。今原告欲收回已出原压洋，既不向田主解约索取，于被告不允加压，又不催告终止契约，觅人另佃，而主张被告顶替全部佃权，直向佃田主承佃。殊无理由，所有请求应予驳斥。③

法官的判决首先依据的是契约相对性原则，即契约双方所约定的权利和义务不对第三人产生效力。在现代民法理论中，这是债权与物权的重要区别。租佃契约是原告同所有权人签订的，被告不受契约的约束，这是被告胜诉的主要原因。但是在此案件中，被告也并非完全无责，唐益三和李建廷与原告所签租佃契约实为转佃协议，如果适用债权法中租佃契约对转租行为之规定，此契约当为无效。法官自始至终未尝言及转佃一事，原被告也当转佃为正常之事，这一行为似无关紧要地被所有人忽略了。

---

① 《向露泉诉唐益三案》，档案号：3-124，民国新繁县档案。
② 《向露泉诉唐益三案》，档案号：3-124，民国新繁县档案。
③ 《向露泉诉唐益三案》，档案号：3-124，民国新繁县档案。

表4-3 租佃纠纷中的转租情况

	新繁县		南溪县	
	案件总数	存在押租情况	案件总数	存在押租情况
案件数（件）	176	44	112	14
占比（%）	100	25.0	100	12.5

但当原告提出转佃，要求法官对此表明态度时，法官就会毫不犹豫地引用法律解除转佃契约。在杨美清诉彭文清案中，被告擅自转租所佃土地，原告即土地所有权人杨美清要求法院作出明确的判决，于是法院引用法律解除了原告和被告的租佃契约：

> 被告于三十六年将承租原告之水田擅自转租与刘修德水田五亩余当收押三石等事实，为两造所不否认。按诸土地法一百零八条之规定，承租人不得将耕田全部或一半分转租他人，法有明文。今被告既私自转租他人，自认不讳，自应依土地法一百十四条第二项之规定，予以终止租佃。①

类似的还有徐魏氏诉欧洪发案，被告欧洪发于民国22年（1933）租佃原告徐魏氏土地八亩耕种，押银二百五十两。被告在已向原告退佃并领去押银一百二十两后，将地转佃给陈姓。由于被告未经出租人允许将地全部转佃他人，原告明确提出请求，要求判决解除租佃。于是法院明确判决租佃契约于本年秋收后终止，届时搬迁交业，被告领回押银。② 在大多数案件中，法官是通过同时援引民法租赁契约和《土地法》来解除转佃契约的。

---

① 《杨美清诉彭文清案》，档案号：4-634，民国新繁县档案。
② 《徐魏氏诉欧洪发案》，档案号：3-689，民国新繁县档案。

由是观之，法院在转租案件中的基本态度是，若土地所有权人以佃户和小佃户为共同被告提起诉讼，且提出因佃户转租行为违法而欲解除与佃户之间的租佃关系，法官往往会因此而判决佃户与小佃户之间的租佃契约无效，解除土地所有权人与佃户之间的租佃契约。若土地所有权人仅以佃户为被告请求给付欠租解除合同，或佃户以小佃户为被告请求给付欠租解除合同，则法官不会主动提及佃户与小佃户之间转租行为的违法性。这种情况既体现出法官"多一事不如少一事"的司法态度，也在一定程度上佐证了民国时期契约自由观念①逐渐深入民事活动范围的事实，法院尊重当事人双方的自由决策，只要当事人未提出异议，即使双方当事人的行为存在法律上的瑕疵，法院也不会主动依法处理。

转租和押租的广泛存在和官方的暧昧态度，可能都同民国时期人口压力较大与可耕种土地的日益稀缺有关，当然，这需要进行更严谨的经济社会史分析，笔者无意展开论述。但经济利益的驱动成为民国租佃关系略不同于帝制中国时期的新特点，进而其影响到相关法律实践已是不争的事实。如前引向露泉诉唐益三案中，佃户可以在所有权人和转佃的小佃户之间赚取土地利润的差额，这使得租佃甚至在某种意义上成为带有基层民间互助性质的价值投资，即便这样一种投资还没有形成规模或常态。押租虽被视作佃户的负担，但在土地资源稀缺的背景下，同样也可以视为对佃户权利的一种保障，既然佃户给付了押租，土地所有权人就不能随意地提出解除租佃的要求。所以，押租虽然被明令禁止，

---

① 对于契约自由观念在民国的司法实践，可参见周伯峰《民国初年"契约自由"概念的诞生——以大理院的言说实践为中心》，北京大学出版社，2006。

却在佃户自愿主动的情况下广泛存在，基层司法官也对押租的禁令不以为意。

四　游离的佃权

虽然中国有永佃，西方民法也有永佃，但此佃与彼佃之间，却并非毫无差别。西方罗马法的永佃权与中国传统社会的永佃，虽仅一字之差，其渊源、内涵及意义等则相去甚远，"永佃如同世耕、永耕，乃清代民间契约用语"，它们反映的是既有租佃关系的固定化，而"永佃权则否，它是一个分析概念，其确定内涵首先来自于现代民法，其渊源又可以追溯至古代罗马"。[①] 早已有学者指出，即使是中国永佃中的田皮权，也"比西方民法中的永佃权包含更多的权利：一是独立的转让权，二是不得以欠租为由夺佃。将田皮权硬指为永佃权无疑削弱了田皮权人的利益"。[②] 不仅如此，更为重要的是，传统中国的民事习惯不存在清晰明确的概念界定和逻辑体系，土地关系中的佃是一种依习惯形成的财产使用关系，西方的佃则有着清晰的权利概念和制度设计，而且物权中的永佃和债权中的租佃有着权利性质的区别，二者有着明确的界限。中国传统财产关系或者说财产权利则是模糊的，从租佃

[①] 梁治平：《清代习惯法：社会与国家》，中国政法大学出版社，1996，第88页。

[②] 赵晓力：《中国近代农村土地交易中的契约、习惯与国家法》，《北大法律评论》1998年第2期。

到田皮到永佃再到租赁，实际上是民国的立法者乃至司法官试图借用类似的制度规则将中国传统民事制度嫁接到现代西方法体系之中。而中国之大，各地习惯相似者可能用语不统一，即使用语统一者也可能内容大相径庭，在缺乏全国性统一概念的法律术语背景下，近代立法者希望通过中西制度概念的法律嫁接，将传统意义上的佃直接纳入西方法体制当中，忽略了租佃关系本身的复杂性和中国传统用语的模糊性，从而不断受制于西方民法中非此即彼的权利概念逻辑，使原本因为时空差异而有着不同表现形式的佃在物权和债权的西方民法二元法律体系中找寻自己的位置，界定自己的权利属性。

因此，在传统中国存续多年的租佃制度，面对西方民法概念和制度的引入，表现出从立法到司法上的"水土不服"。一方面，在租佃的基层法律实践中，中国的佃到底在西方的民法体系中该如何定义，究竟是一种债权还是物权，在"削足适履"还是"削履适足"的犹豫中，立法者和司法者并没有给出一个合理和稳定的解释，反而是社会经济环境的变迁影响着制度的功利性解释；而在另一方面，在传统租佃伴有的转租和押租习惯上，基层法院没有完全依照法律的规则对这些习惯进行严格的禁止，在认同佃户自由选择的基础上，对于形成惯例的押租和转租，法院多采取不告不理的态度，选择默认这些违法习惯的存在。于是，具有强烈中国传统土地关系特色的"佃"通过游离于物权与债权之间、法律与习惯之间，实践于民国的基层司法之中。

Chapter

five

第五章

约而不婚：婚约解除的女性权利

一 契约婚的确立

"婚姻为两性（姓）之事，非男女个人之事"，[1] 对于传统中国的个人或家族而言，婚姻是一件十分郑重和严肃的事情，仅婚姻的订立就必须遵循"父母之命""媒妁之言""六礼之仪"三大要式。[2] 婚姻作为传统家族中的大事，关系到亲属关系的变动，清末开始了法律近代化过程，但在亲属关系的制度选择上尤为交困。物权法和债权法的近代化变革可以视作用西方法的"瓶子"装中国传统法律的"酒"，而这一套用的过程，在立法者看来，只是技术性的问题，对于强调人伦礼教的中国传统文化冲击不大。但婚姻制度及其他亲属制度，直接指向维持中国传统社会秩序的基础，也正因如此，清末的《大清民律草案》总则、债权和物权三编由日本学者完成，而亲属和继承两编则仍由修订法律馆会同礼学馆起草，因此，在清末的民律草案中，虽财产法"注重世界最普通之法则"，但人身法则更追求"最适于中国民情之法则"。民国立法院院长胡汉民在所呈民法典草案的提案中亦有表达："惟《亲属》《继承》两编，对于本党党纲及各地习惯关系甚大，倘非详加审慎，诚恐多所扞格。"[3] 1930年12月26日，南

---

[1] 陈顾远：《中国法制史概要》，（台北）三民书局，1964，第296页。
[2] 祝瑞开主编《中国婚姻家庭史》，学林出版社，1999，第395页。
[3] 《中央政治会议公函》，《亲属法继承法立法原则》（中央政治会议第二百三十六次会议议决），转引自谢振民编著《中华民国立法史》（下册），中国政法大学出版社，2000，第779页。

京国民政府颁布了民法第四编"亲属编",并定于次年 5 月 5 日实施。其立法初衷在于通过法律实践渐进地改良社会,认为"法律纵不能制造社会,而改良习惯,指示方向,确有效力"。①

"昏礼者,将合二姓之好,上以事宗庙,而下以继后世也,故君子重之。"② 在传统中国,订立婚约是一种典型的家族式身份行为,订婚须由男女双方的父母主持决定,婚约对男女本人具有极强的约束力。订婚完成,则意味着婚姻程序已经开始,对女方而言,其已经成为男方的准家庭成员,违反婚约将会受到刑罚,因此,在传统中国的婚姻关系中,婚约本身就是婚姻关系的一部分,是家族结合的标志,婚约订立之后的所有行为都被视为婚姻关系内的行为,婚约必须履行,故而毁婚约即为毁婚姻。民国民法典放弃了这样的规定,婚约被单列一节,共八个条文。民法上规定的婚约,是指男女双方预先约定,以缔结将来婚姻为目的之意思表示。婚约并非结婚之契约,而是结婚的预约,婚约并无强制履行的效力。民国民法典对传统中国身份婚进行了立法上的彻底变革,从法律上肯定了男女双方的婚姻自主权,婚约应由当事人订立和解除,排除他人干涉,将婚约彻底地作为一种"约定",以契约婚的精神变革了传统的身份婚。

二 婚约主体与婚约成立

民国民法典第九百七十二条规定,"婚约,应由男女当事人

---

① 朱勇主编《中国民法近代化研究》,中国政法大学出版社,2006,第 58 页。
② 《礼记·昏义》,鲁同群注评,凤凰出版社,2011,第 244 页。

自行订定",此条被视为具有"契约化的自由导向"。① 大理院和最高法院通过判解多次说明婚约仅为当事人双方之事,"婚姻须得当事人之同意"(大理院解释 4 年统字第三七一号),② 因此"订立婚书,受授聘财,必须出自订婚人两方合意"(大理院判决 7 年上字一三六五号),③ "婚约由男女当事人自行订定,其非男女当事人自行订定之婚约,非得其本人追认自难生效"(最高法院民事判例 20 年上字第七八三号)。④ 而对于传统习俗所强调的"父母之命",则强烈地排斥,认为父母为子女们订定之婚约,"除其子女追认得视为自行订定外,其所订之婚约当然无效"(最高法院民事判例 23 年上字第一七九五号),⑤ 而且特别强调:

> 婚约依民法亲属编规定应由男女当事人自行订定,民法亲属编施行前所订之婚约亦应适用之,民法亲属编施行法定有明文。故父母在民法亲属编施行前为子女所订之婚约除其子女于民法亲属编施行后追认得视为自行订定外,其所订之婚约当然无效。(最高法院民事判例 23 年上字第一九七九号)⑥

与民法规范上强调婚约自主不同,新繁县司法档案 16 件婚

---

① 王新宇:《民国时期婚姻法近代化研究》,博士学位论文,中国政法大学,2005,第 79 页。
② 郭卫编《大理院解释例全文》,上海法学编译社、会文堂新记书局,1931,第 223 页。
③ 郭卫编《大理院判决例全书》,上海法学编译社、会文堂新记书局,1931,第 221 页。
④ 吴学鹏、薄铸编《最高法院裁判要旨汇编》,上海律师公会,1940,第 136 页。
⑤ 吴学鹏、薄铸编《最高法院裁判要旨汇编》,上海律师公会,1940,第 136 页。
⑥ 吴学鹏、薄铸编《最高法院裁判要旨汇编》,上海律师公会,1940,第 136 页。

约之诉中，由"父母之命"订立婚约的有 10 件，占案件的大部分。而这些案件中的婚约绝大多数均是在当事人年幼之时，由双方父母做主，凭媒妁之言而订定，如徐菊芬诉王友鸿案中，原告诉称：

> 菊芬发生此项婚约之时年当幼稚，心志未定，故由母氏一人主张且未取得同意，非法婚姻，窃与现代文明潮流不合，既联婚以后嫌怨业生，日甚一日……王友鸿本意无赖之徒，无疑所能，沉溺烟赌，又安可与之婚姻？①

荣县情况类似，如谢淑芬诉杨少华案中，女方在十四岁时，被母亲许与被告杨少华，此时其"未识婚姻为何事"。② 后被告杨少华外出一直没有音信，不知被告现住何处，因此请求判决解除婚约。薛巧凤诉邓福兴案中，薛巧凤以"幼经父母之命媒妁之言与邓福兴为婚""因查到民法载婚姻并无强制履行，因此状请判决解除婚约"。③ 程淑勋诉胡继德案中，程淑勋也称其与被告的婚约是双方父母于民国 14 年代为订定的，"现已成年，对于该项婚约不能同意，是以诉请确认该项婚约无效"。④

这种包办婚约不符合民法的规定，婚约当事人在成年后表现出很强的反抗意愿，综观所有的婚约案件，绝大多数是女方成年后反对年幼时父母包办婚约而造成的，她们直接诉诸法律，请求按照法律规定解除婚约（见表 5-1）。

---

① 《徐菊芬诉王友鸿案》，档案号：4-699，民国新繁县档案。
② 《谢淑芬诉杨少华案》，档案号：9-15-540，民国荣县档案。
③ 《薛巧凤诉邓福兴案》，档案号：9-13-609，民国荣县档案。
④ 《程淑勋诉胡继德案》，档案号：9-16-602，民国荣县档案。

表 5-1　婚约案基本情况（新繁县）

	案件总数	女方提出	请求解除婚约	父母订婚约
案件数（件）	16	14	14	9
占所有案件比例（％）	100	87.5	87.5	56.3

薛道真诉胡玉书案中原告薛道真订婚时仅为十一岁，起诉时为十六岁。① 陈桂兰诉王孟秋案中原告陈桂兰订婚时为十一岁，起诉时为十九岁，而婚约另一方当事人订婚时亦未成年，原告诉称"概不知晓此种包办式婚姻与法不合，心实不愿"。② 郑廷群诉舒成良案中，原告郑廷群订婚时为十三岁，起诉时为十五岁，诉称"经媒妁之言，既有父母与成良代订婚约，当时廷群年幼无知，并未表示意见"。③ 周慧兰诉范松如案中，原告周慧兰订婚时为十五岁，起诉时为十六岁，诉称"纯由父母包办未经同意，当时女即大为不满"。④ 而被告多以传统习惯进行反驳，如廖祯祥诉黄世英案中，被告答辩称：

> 订定婚约均系父母之命媒妁之言，男方由原告之母廖贾氏主持，女方则由被告之父母主婚，乃正大光明并无苟且行为。⑤

温淑知诉范秉光案中，原告温淑知年幼时，由其父听媒将其许与范清廉之子范秉光。温淑知认为当时其尚属年幼，且订定婚

---

① 《薛道真诉胡玉书案》，档案号：4-740，民国新繁县档案。
② 《陈桂兰诉王孟秋案》，档案号：4-716，民国新繁县档案。
③ 《郑廷群诉舒成良案》，档案号：6-14-16，民国新繁县档案。
④ 《周慧兰诉范松如案》，档案号：3-425，民国新繁县档案。
⑤ 《廖祯祥诉黄世英案》，档案号：3-372，民国新繁县档案。

约纯由其父母主持，而"被告失学浪荡，免误终身"，① 行为举止显异于原告志趣，因此请求解除婚约。戴伯莲诉黄顺臣案中，原告在其幼时，凭媒人从中说合，由双方父母订下婚约。戴伯莲称"婚姻为个人终身大事，非如他人所可代为主宰"，② 认为此段婚约实属无效，主张解除婚约。

民国民法典规定婚约由当事人自行订定，男女双方才是缔结和解除婚约的主体，换言之，在诉讼中，只有缔结婚约的男女双方才应作为婚约之诉的原被告。虽然起诉的当事人多知道用民法的婚姻规则作为提出诉讼的法定依据，但原被告的范围远远超出了法律的规定。在法定的诉讼资格人即婚约当事人双方之外，当事人的近亲属，甚或媒人都成了诉讼的当事人。在熊兴武、熊庆福诉王隆庆案中，男方家长起诉要求维持婚约，但男女双方居然都不参与诉讼，被告方为女方当事人之生父母及亲戚和媒人，而非婚约的女方当事人。而司法官对此类原被告超越诉讼主体资格的案件依然受理，在此案的判决中，司法官甚至认定"王昌福（被告之女）当庭表示坚决不愿再返原告之家，则其婚约无继续存在之必要"。③ 婚约女方当事人之身份被认定为"被告之女"，而非诉讼中的被告，此程序无异于承认婚约效力范围已超出男女双方。可见婚约为依父母之命、媒妁之言而订定，系家庭而非个人之事的传统观念，在基层百姓和司法官心中仍然根深蒂固。

传统中国的婚约以父母之命、媒妁之言、婚书聘财为要件，所谓"先求而后许，既许而后聘，是为定婚之原则"，"女氏许嫁

---

① 《温淑知诉范秉光案》，档案号：9-12-435，民国荣县档案。
② 《戴伯莲诉黄顺臣案》，档案号：9-18-816，民国荣县档案。
③ 《熊兴武、熊庆福诉王隆庆案》，档案号：4-730，民国新繁县档案。

之后，男家继以下聘，婚约于是乎定"。① 民初依然发挥效力的现行律"婚姻门男女婚姻条"依然严格规定了婚约形式要件，大理院的判解也多次阐述了婚书和聘礼为订婚的形式要件：

> 现行律载定婚之形式要件有二，一有婚书，即谓有媒妁通报写立者，无论报官有案或仅系私约皆可，二聘礼，此二要件苟具备其一即发生定婚之效力。（大理院 2 年上字第二一五号）②

对于婚书的形式，大理院认为，应否"填写年庚八字，法律并无明文，不能认定为婚书之要件"（大理院 2 年上字第二一五号），③所以婚书在民间又被称为庚帖、红庚。民初大理院称：

> 婚书于法律上虽无一定之方式，然必就书据自身可认为有婚约关系者（如习惯上通行之方式，以男女两造年庚并列一柬，或于柬内直接或间接表示允婚之意旨者是）始为适法，若仅以片纸开列一造年庚，而于其开列之原因如何，并不能有确切之证明者，自难认为合法之婚书，即不能持此以主张定婚契约之成立。（大理院 4 年上字第三七九号）④

大理院一再强调婚约系要式行为，即必须具备婚书或聘礼，

---

① 陈鹏：《中国婚姻史稿》，中华书局，1990，第 284 页。
② 郭卫编《大理院解释例全文》，上海法学编译社、会文堂新记书局，1931，第 212 页。
③ 郭卫编《大理院解释例全文》，上海法学编译社、会文堂新记书局，1931，第 212 页。
④ 郭卫编《大理院解释例全文》，上海法学编译社、会文堂新记书局，1931，第 213 页。

而且"定婚为成婚之前提",缺乏婚书或聘礼的婚约即使成婚,"在法律上仍不生婚姻之效力"(大理院 4 年上字第一五一四号)。① 根据民初的习惯调查,在受调查的 86 个县中,有 60 个县的地方习惯对婚书有具体要求,占调查对象的 69.77%;而有 63 个县的地方习惯对聘礼有具体要求,占调查对象的 73.26%。②

民法典颁行后,法律对婚书作为婚约的形式要件予以全面否定,规定只要达到法定年龄,双方合意,无其他禁止事项,则可订定婚约,至于何种方式,有无婚书、聘财,在所不问,即婚约并不需要婚书或聘礼方有效力。

但在订定婚约及解除婚约时,婚书却仍被新繁县民间习惯视为要式,必须具备,否则不产生婚约订定或解除之效力,这点在民间和官方直接或间接达成共识。薛道真诉胡玉书案中,原告即为索回红庚未果而提请诉讼,其诉称:"父亲未曾说知未取道真同意即将庚帖交伊持去。时,道真年幼不谙事……请伊将红庚退却,伊不允,只得呈诉来案。"③ 在原告看来,婚书为订定婚约的凭证,那么解除婚约就必须索回此凭证,因此诉请法庭之目的即讨回庚帖。按理,若婚约非要式,红庚在何处及其退还与否,都与当事人之间婚约是否有效无关。但司法官不仅受理此案,而且判决"被告退还原告红庚",④ 司法官认为,"双方之婚约准予解

---

① 郭卫编《大理院解释例全文》,上海法学编译社、会文堂新记书局,1931,第 228 页。
② 参见前南京国民政府司法行政部编《民事习惯调查报告录》(下册),中国政法大学出版社,2005。
③ 《薛道真诉胡玉书案》,档案号:4-740,民国新繁县档案。
④ 《薛道真诉胡玉书案》,档案号:4-740,民国新繁县档案。

除,正如上述,则被告所持原告红庚,亦应返还"。① 案判书送达后被告仍未退还红庚,原告还特别向四川新繁县司法处申请执行。②另在闵步珍诉高仁上案中,原告请求"退回红庚,而便脱离关系实沽",司法官在判决中予以回应:"两造婚约准予解除,被告应将原告红庚退还,诉讼费用被告负担。"③ 可见,当事人乃至民间社会及司法官亦间接承认婚书乃婚约成立及解除的法定要件,只有当事人退还了庚帖,才算是"脱离关系",才能被视为婚约的真正解除。

婚约关系解除后,聘礼自当退还,而聘礼也绝非仅被视作财物,而是确证两造婚约关系的"信物"。以聘(财)为信,同样是传统社会证成婚约的法定要件。在邓廷群诉舒成良案中,"原告与被告所订定之婚约无效",并要求"两造所送信物各自退还",认为"惟订定婚约时,双方所送信物应各自归还为宜"。④判决生效后原告邓廷群申请执行,执行标的包括"黑大绸""阴丹""灰大绸壹丈""礼鞋、袜""胭脂水粉过财礼米""镀金圈子""镀金领花"等。⑤ "黑大绸"即为《礼仪·士昏礼》所讲的"玄纁",可见传统婚仪在新繁县影响之深远。司法官对执行申请判令"各自退还信物"。⑥

在彭范氏、鼓树仙诉范子光案中,原告诉称"将民女许字与范子光",此"许字"即为传统婚仪必经程式"纳吉"之缩影,

---

① 《薛道真诉胡玉书案》,档案号:4-740,民国新繁县档案。
② 《薛道真诉胡玉书案》,档案号:4-740,民国新繁县档案。
③ 《闵步珍诉高仁上案》,档案号:4-863,民国新繁县档案。
④ 《邓廷群诉舒成良案》,档案号:6-14-16,民国新繁县档案。
⑤ 《邓廷群诉舒成良案》,档案号:6-14-16,民国新繁县档案。
⑥ 《邓廷群诉舒成良案》,档案号:6-14-16,民国新繁县档案。

即将男女双方八字载于红庚之上,至庙堂进行匹合,俗称"合八字"。原告认为"过礼"后婚姻即已成立,故称"过礼"后知道被告"尚有前妻",因不愿做小妾,乃凭媒向被告"请求离婚"(而非解除婚约)。①后经司法官协调,两造达成和解:

> 民等已将两造婚约解除,所有彭姓交出红庚,并及范姓所收礼物当凭,民等均已退交清楚,嗣后永不异言。②

此案得以和解结案,但从起诉状到庭外和解协议均清楚表明,当事人及相关人都认为交还各自的庚帖及聘礼才是解除婚约的实质标志,庚帖及聘礼的交付更是婚姻成立的必要条件。

三 婚约的强制效力

民国以前,关于婚约的效力问题并无疑义,订婚即为婚姻的一部分,婚约自然具有强制履行的效力。订婚之后,如悔约,将追究刑事责任。《唐律·户婚》规定,凡许嫁女已报婚书或收受聘财而"辄悔者,杖六十";"若更许他人者,杖一百;已成者,徒一年。后娶者知情,减一等;女追归前夫"。只有在"前夫不娶"时,才允退还聘财。明清法律规定的责任略轻,《明律·户律·婚姻》规定,"若许嫁女已报婚书及有私约而辄悔者,笞五

---

① 《彭范氏、彭树仙诉范子光案》,档案号:4-791,民国新繁县档案。
② 《彭范氏、彭树仙诉范子光案》,档案号:4-791,民国新繁县档案。

十；……若再许他人，未成婚者杖七十，已成婚者杖八十。……女归前夫，前夫不愿者倍追财礼给还，其女仍从后夫"。民初，西方法律对婚约无强制效力的规定逐渐影响到民国中央司法机关，民国大理院在第七二三号解释例中表示，"悔婚虽然不法，但婚姻不得强制执行"。[①] 民国统字第五一〇号解释例中，大理院答复一起涉及订婚之女以死抗婚的案件时论述道：

> 既定婚则有结婚之义务，惟外国法理认为此种义务不能强制履行，即使强制执行亦未必能达判决之目的，我国国情虽有不同而事理则不无一致。现行律婚姻条虽然有效但刑罚条文已经失效，所以只能和平劝谕，别无他法。[②]

大理院的态度很快反映到了民法典立法之中，民国民法典明确规定了"婚约不得请求强迫履行"（第九百七十五条），于是中国传统社会中婚约的强制力在民国民法颁行后得到明确的否认。在邓廷群诉舒成良案中，原告"生母未征得"其"同意"，代为"订定婚约"，后因母逝去，"决计终身不婚"，而被告"不事先通知"，"雇轿强接成婚"，因此原告诉请"解除婚约"。[③] 司法官认为：

> 婚约应由当事人自行订定，婚约不得强迫履行，此在民法第九百七十五条及第九百七十二条定有明文，今原被告间

[①] 郭卫编《大理院解释例全文》，上海法学编译社、会文堂新记书局，1931，第397页。

[②] 郭卫编《大理院解释例全文》，上海法学编译社、会文堂新记书局，1931，第285~286页。

[③] 《邓廷群诉舒成良案》，档案号：6-14-16，民国新繁县档案。

之婚约，既非当事人自行订定，核□上引法条相违，自不得强迫履行，毫无疑问。……处此婚姻自主时代不可囿于旧习，强为成婚，徒自苦恼。①

民国民法典中规定的婚约无强制力在新繁县婚约案件中基本上都得到贯彻。如在熊兴武、熊庆福诉王隆庆案中，司法官对婚约不得强迫履行亦有认定：

> 按婚约应由男女当事人自行订定，又婚约不得强迫履行，为民法第九百七十二条、第九百七十五条所明定，本件两造为其子女订婚约均属幼年，依照现行法例已属不合，况双方既生嫌怨发生诉讼，尤不愿各将子女作为牺牲，姑不论原告有无虐待与被告有无捏诬虐待，替女嫌夫之事，原告均可不必请求履行，况王昌福（被告之女）当庭表示坚决不愿再返原告之家，则其婚约无继续存在之必要，婚约又无强迫履行之理，以告原告等之主张殊属空论，应将其诉驳回，免再生枝节。②

民国26年（1937），荣县赖徐氏经丁江氏为媒，将女儿赖水凤许与被告江杜氏之子江林海为妻，将木床一张、木柜两个、两抽屉柜一张送交被告收领。江林海于民国31年（1942）突然患病，数载不愈，身体稍好一些后就想择期过酒，但赖徐氏称江林海疯魔病不得痊愈，于是诉请解除婚约并返还嫁奁。司法官以"是年两造不过八九岁，自未合订婚之年龄"为由，准许原告解

---

① 《邓廷群诉舒成良案》，档案号：6-14-16，民国新繁县档案。
② 《熊兴武、熊庆福诉王隆庆案》，档案号：4-730，民国新繁县档案。

除婚约的请求，并在核实嫁奁与所赠物品后，判决由被告悉数归还至原告处。①

廖伟光诉张寿书案中，原告廖伟光与被告张寿书的婚约在两造均幼时由双方父母所订，原告成年后认为其与被告感情不相投，因此请求判决解除婚约。被告则称"现服役于汉口空军第一动务大队，该项婚约自应受到《出征军人婚姻条例》第四条予以保护"，因此请求驳回原告之诉。荣县司法官判决该项婚约订立违背订婚年龄限制规定，依照民法第九百七十二条规定，自应视之无效，被告抗辩无理由，判决两造间之婚约准予解除。②

在璧山县李大与何海江撤销婚姻案中，司法官也依据民法婚约规定，对童养媳的婚约效力表示否定：

> 按男未满十八岁，女未满十六岁不得结婚，违者当事人或其法定代理人将向法院请求撤销之。民法第九百八十条第九百八十九条定有条文，本件原告系民国十九年六月十七日出生，现年仅十四岁，在该管保长罗觉光所保管之户口调查表内，记载甚详，自堪置信，至被告所执之八字单，不过出自媒证欧徐氏之手，就与户口表之记载不符，显难采取，现原告尚未届满十六岁，且被告又不能证明其业已怀胎，则原告请求撤销两造间之婚姻，依照首开说服，自应准许。③

---

① 《赖徐氏诉江杜氏案》，档案号：9-16-595，民国荣县档案。
② 《廖伟光诉张寿书案》，档案号：9-24-044，民国荣县档案。
③ 《李大诉何海江案》，档案号：12-1-14-1236，民国璧山县档案。

与婚约形式要件在基层的实践情况不同,婚约不具强制力不仅在法庭中得到诉讼判决的认定,而且在民间亦得到一定程度的认同。如萧郁云诉李少全案中,诉状称调解之经过,亦可证明承担民间调解职能的基层地方自治组织官员已树立起婚约不得强迫履行的观念:

> 民乃否认婚约有效,请求解除。殊伊坚不承认,致起纠纷,已经保甲暨警察所调解,均谓婚约不得强迫履行,嘱令解除,伊又不遵调解。查订婚之时,系由祖母主手,并未经民同意,今何能强迫履行。①

再如前述彭范氏、彭树仙诉范子光案中,原告诉称被告"图财欺骗故犯重婚","尚有前妻,意欲将民女骗作小妾",因原告不从而被告"欲将行强迫之制"。② 此案中,女方在诉状中宣称"现今实行男女平权,彼此情甘意愿始能结婚"。③ 邹英德诉彭天生案中,原告诉称其与被告婚约,实属依父母之命、凭媒婆戴叶氏说合,其时年仅十一岁,被告年仅七岁,均本属不得订婚之列,"况且婚约应由男女当事人自行订定,民法第九百七十二条定有明文违反此种强制规定,当然不能发生效力"。④ 由此可见,在基层社会中虽仍有人坚持婚约必须履行,但婚约不得强迫履行之观念在官方乃至基层民间调解机构已得到贯彻,且已对民间社会观念产生较大影响。

---

① 《萧郁云诉李少全案》,档案号:4-299,民国新繁县档案。
② 《彭范氏、彭树仙诉范子光案》,档案号:4-791,民国新繁县档案。
③ 《彭范氏、彭树仙诉范子光案》,档案号:4-791,民国新繁县档案。
④ 《邹英德诉彭天生案》,档案号:12-1-14—260,民国璧山县档案。

在民国新繁县司法档案的16件婚约诉讼案件中,请求撤销或解除婚约的占14件,请求确认婚约有效的1件,请求强制履行婚约的1件(见表5-2)。可见民国民法典对婚约强制力的解除造成社会对传统婚约效力的反弹,此权利意识成为婚约诉讼的主要导因。而诉讼的结果也满足了此种社会预期,在对婚约有明确判定的民事判决中,判决既有婚约无效的占据大多数,而维持婚约的仅有一两例,司法官也只支持婚约在成立意义上有效,而并未支持其法律强制执行力。而在以其他方式解决的婚约案件中,新繁县和南溪县分别有3例和1例是经调解注销案件,另外则因为未缴纳诉讼费用、移送管辖等程序性问题终止案件(见表5-3)。在整个婚约诉讼中,可以说司法官基本上严格贯彻了婚约无强制执行力的法律规定。至此,在传统婚姻中占据极为重要地位的婚约制度逐渐变为一种习俗形式,当事人之间订立的婚约也不再是传统婚姻制度中极具身份约束力的婚约,而成为一种可以被当事人随意解除或撤销的民事契约。

表5-2 民国时期婚约案诉由情况(新繁县)

诉讼事由	数量(件)	比例(%)
请求撤销或解除	14	87.5
请求确认或履行	2	12.5

表5-3 婚约案件诉讼结果情况

		判决婚约无效	判决婚约有效	其他(调解等)
新繁县	数量(件)	9	1	6(3例调解)
	比例(%)	56.2	6.2	37.5
南溪县	数量(件)	6	2	4(1例调解)
	比例(%)	50	16.7	33.3

四　婚约制度的重述

婚约在传统中国出现极早，对传统社会的影响也极深，婚约制度不仅反映了传统家族权力的格局——父母在子女婚约中占据主导地位，而"男女本人在很多场合被置于契约客体的地位"，[①]而且也经由传统婚姻制度中缔结程序的复杂和烦琐体现出婚姻制度在家族制度中的庄重和严肃。西方大陆法系国家对婚约制度也多有规定，《德国民法典》第四编第一章第一节用六个条款对"婚约"予以规定，规定了不能因婚约而提起"成婚之诉"，并同时规定了"对于婚姻未成之情形支付违约金的允诺无效"，这也是婚约与一般合同的不同之处。《瑞士民法典》也是用六个条款对婚约作出了规定，包括"排除因婚约提起履行结婚的诉讼"和"违反婚约的后果"。《意大利民法典》在第一章第一节用三个条款对"婚约"作出了规定，包括婚约的效力、退还赠与物和赔偿损失等内容。[②] 民国民法典运用西方民法中契约性质的婚约重新定义和规范了传统中国社会的婚约，实现了婚约制度从传统到现代的变革。

[①] 〔日〕滋贺秀三：《中国家族法原理》，张建国、李力译，法律出版社，2003，第377页。

[②] 法典中译本可参见陈卫佐译《德国民法典》，法律出版社，2006；殷生根译《瑞士民法典》，中国政法大学出版社，2006；费安玲等译《意大利民法典》，中国政法大学出版社，2004。

与前文的租佃相比,婚姻制度同样是以西方民法中的定义来重新诠释和规范的传统中国的制度,租佃制度徘徊在西方民法权利制度之中显得"水土不服",而婚约制度的重述则更为平和顺利。分析其原因,概不外于三。

首先,中西婚约制度的区别是存在的,但这种区别与前文租佃制度的中西区别不同。中西婚约制度有着最起码的相同之处,即都是男女双方婚姻关系的一种预先性合意,无论在适用的范围还是在指代的法律关系上,用西方民法中的婚约制度来形容或改造中国传统的婚约制度不存在概念上的根本矛盾,二者只是规范方法和效力认定不同。而中国传统租佃与西方民法中永佃或租赁在概念和规范范围上都有着根本性的区别。正是有基本概念和适用范围的一致性,在民国民法典中用西方民法的婚约制度内容重新规范中国传统社会的婚约,其在基层司法官和纠纷两造及百姓的思维和观念之间才得到比较清醒的认同,在法律话语中也才能对号入座,不会有太大的排斥反应。

其次,在对传统婚约制度进行重述时,由于对原有的权利格局进行了调整,新的权利受益人会主动配合和利用新的规范,使新的法律规则深入人心。传统婚约制度依靠父母及强制力运行,女方无疑处于最为弱势的地位,而按照民国民法典,婚约的订立最大的获益者为婚约的女方当事人,在既有的婚约诉讼中,大多数即是由女方发起解除婚约或确认婚约无效,而判决的结果也多支持其解除婚约,如此一来,民国民法典的婚约制度就有了明确的支持群体,这与民国民法典租佃制度在地主和佃户利益之间模棱两可形成比较鲜明的对比,婚约制度因其调整关系的人身性而不太受社会经济条件的影响,其进行了明确的权利转移,从而依靠受益者的支持确立法律权威。

最后，在婚约制度的变革中，基层司法官对于一些旧有的婚约习惯采取了比较缓和的态度。传统婚约制度所伴随的一系列财产物质性关系纷繁复杂，而且在地方社会得到相当普遍的认同，基层法律实践中，司法官谨守当事人和强制力两个关键问题，而对诸如聘礼等，没有简单地认定无效，而是按照民法原则，以恢复原状、归还原物等方式处理，较大程度地消除了婚约无效导致的财产纠葛，当事人也就在相互妥协的基础上认可了民国民法关于婚约制度的规定。

在中西法律概念共通、权利人支持和对习惯妥善处理三个条件基础上，民国民法典的婚约制度成为立法者利用西方民法制度重述中国传统民事制度较为成功的典型个案。

Chapter six

第六章

离婚自由：制度设计与实践困境

一　离婚法的改革

传统中国的夫妻离婚，以夫权为考量，如规定男子有休妻的"七出"制度。当妻有"不顺父母、无子、淫、妒、有恶疾、多言、盗窃"七种情形时，丈夫有权休妻。"七出"是夫的专权，夫仅据单方的意思即可离婚。即使夫的行为构成法律上允许妻子离婚的"义绝"，妻也碍于"干名犯义"和社会观念而不愿直接诉请离婚。《大清律例·刑律》中"诉讼门"就规定："妻妾告夫……杖一百，徒三年。"由于夫妻关系的存续取决于丈夫的意志，"一般情形中每以夫有出妻之理，妻无去夫之道"。① 加之在传统社会，离婚对于女性来说则意味着要面临被休弃的耻辱和离异后生活的艰难，离婚通常都被认为是妻子的错误导致的，她们得不到家庭和社会的认同。妇女被离弃后一无所有，而且传统社会中大多数时期都禁止离婚妇女再嫁。"生活及来自家庭和社会的巨大压力成为传统离婚政策下中国妇女的两道沉重枷锁。"② 因此，有学者认为中国传统社会的女性离婚数量很少，甚至在"实际上并不存在，或非常罕见"。③

民国肇始，平衡离婚法中的夫妻权利成为立法者力求实现中

---

① 陈顾远：《中国婚姻史》，商务印书馆1936年版，上海书店1984年重印，第243页。
② 易松国等：《中国传统离婚政策简析》，《深圳大学学报》（人文社会科学版）2002年第6期。
③ Maurice Freedman, *Chinese Lineage and Society: Fukien and Kwangtung*, London: Athlone Press, 1966, p. 30.

国法律近代化的重要举措。但这种"进步是渐进式的而不是革命性的"。① 民初的这种渐进式进步主要集中表现于司法机关在具备现代法律精神的《中华民国民法》颁布之前通过判解对既存成文法进行一定程度的修正，如确立了"协议离婚，为法所许"（民国5年大理院判决上字一四七号）等，但"性道德的双重标准继续主导着离婚法和司法实践"，"这些无疑都削弱了民国初期离婚法进步性的一面"。②《中华民国民法》正式施行之后，传统中国离婚法中的"七出""三不去"制度在法律上得以终止。女性在婚姻中的权利意识得以觉醒。本节以民国新繁县司法档案中的李谌氏诉李绍先案为线索，结合该县30余件离婚案件，论述民国民法典实施后，妇女依据婚姻法赋予的离婚权利而进行离婚诉讼的实际情况，据以说明法律制度的近代化对妇女权利的影响。

二 妻子的离婚权

民国30年（1941），原告与李绍先凭媒结婚。婚后不久，双方矛盾加深，妻子李谌氏认为李绍先"多方乘衅"，于是起诉李绍先，司法官"饬候侦讯核夺"，并"暂于母家安身"。这种处理，实际上是希望双方分开后能够减少摩擦，以期婚姻关系维

---

① 张勤：《民初的离婚诉讼和司法裁判——以奉天省宽甸县为中心》，《比较法研究》2006年第5期。

② 张勤：《民初的离婚诉讼和司法裁判——以奉天省宽甸县为中心》，《比较法研究》2006年第5期。

系。但李谌氏坚持离婚之诉,在其母亲家居住之后再次起诉称:

> 氏自成婚,未接财礼,衣物褥被均由母家制,以佐妆奁。夫即不时窃失,问则凶为打骂。至适李之后,夫即不事生产,日夜浪游,尽则支氏下田,晚乃逼其看水,并不时支氏回家告贷。稍不如意,始则拳脚交加,继乃刀斧齐临,血流如注,伤未愈而忧楚频施。母子凶狠,钱不借还,遂竟遭毒打,上下其手,表里虐待,邻里可质。且氏暂居母家半载有余,生活一切,全不付给,竟置氏于不顾,屡呼救而莫闻。现值百物高涨,生意淡泊,纵母氏之不言于氏,心宁独忍,尤有可怪,一面支氏咸处探亲,一面飞奔母家勒逼交人,情势汹涌,难以理喻,多方虐待,手断不择。①

不同于帝制中国时期男方独享的离婚特权,此类由女方坚持提出离婚的情况在民国离婚案中占据多数,在新繁县31件离婚案件中,由女方提出离婚的有25件,占案件总数的80.6%,在南溪县55件离婚案件中,由女方提出离婚的有45件,占案例总数的81.8%,均远高于男方提出离婚的案件(见表6-1)。

表6-1 民国时期新繁、南溪两县离婚案件的原告方统计

		女方提出	男方提出	案件总数
新繁县	案件数(件)	25	6	31
	所占比例(%)	80.6	19.4	100
南溪县	案件数(件)	45	10	55
	所占比例(%)	81.8	18.2	100

---

① 《李谌氏诉李绍先案》,档案号:5-958,民国新繁县档案。

而女方提出离婚的普遍理由多同本案一样，即民国民法典规定的"不堪同居之虐待""恶意遗弃"的法定原因（第一千零五十二条），在新繁县女方提出离婚的25件案件中，诉诸虐待与遗弃的达17件，占68%（见表6-2）。

表6-2　民国时期离婚案诉由情况（新繁县）

	虐待与遗弃	感情不和	骗婚	其他	诬陷	总数
案件数（件）	17	3	2	2	1	25
所占比例（%）	68	12	8	8	4	100

在诉诸遗弃的案件中，女方大多以丈夫久不归家而无法维持生计提出离婚。南溪县吴维华与丈夫在贵阳结婚，后来因双方"吵嘴"而分离，分开一年多后，被告杳无音信，不照顾原告的生活。因此吴维华到法院提起诉讼，称丈夫"去年在宜宾十月间走了，没有向我说，没有生活，现在一年了，没有音信，询问他的朋友都不知道，我只晓得他是南溪人，不知他的住址，现在生活不能维持，所以请求脱离夫妻关系"。① 罗忠荣诉胡德寿案中，罗忠荣与胡德寿结婚，育有一女，民国28年（1939）胡德寿外出后，便无分文接济家里，且胡德寿又两度回乡过门而不入，致使罗忠荣与女儿的生活无法维持，故申请准予离婚。②

在诉诸虐待的案件中，为说明自己被虐事实，女方诉状大多言辞激烈，力求打动司法官之心，博得同情。前引李案中，在描述了其夫的虐待情形后，李谌氏坚持要求"判令离异，免被憎虐"，她说道：

---

① 《吴维华诉谭英定案》，档案号：5-02-749，民国南溪县档案。
② 《罗忠荣诉胡德寿案》，档案号：12-735，民国璧山县档案。

氏无他愿意，入空门，似此冤投萍藻，何妨池水分流，哪有恶谱鸳鸯，不许天风吹散。倘必欲重圆破镜，恐不免室起操戈。纵强令薰莸再和，谁能保不施虐待，发恩早断，覆水难收，陷阱已深，自计宜决。①

此类语言在其他案件中也颇为常见。在吕龙氏诉吕文祥案中，吕龙氏认为其在家"虐同厮养"，"家中事务，田里工作，罔不责以一人为之"，而被诉人"动以打骂"，甚至率人到女方家中，"率众朋殴，检有伤单"，"种种暴行虐待难堪"。② 姜吉发、姜易氏诉杨大兴、杨张氏案中，双方结婚后"尚属和好"，但近年男方"性情突变"，对原告"语言不合辄加毒打"，并致"流血成伤"，原告"怀孕将娩，遭伊毒打，分娩后未及满月，又被夫殴，似此虐待难堪，惨无人道"。③ 刘世秀等诉刁义才、刁黄氏案中，被告及其母亲嫌原告卑贱，"朝夕寻隙毒打难堪"，并且"不给膳食"，多次反言要将原告"赶出"，"另娶一媳"，保甲长劝谕后，"虐待更甚"，原告受虐不堪，"只得大呼求救于邻人"。④ 在李邹叔祥诉李仲谋案中，原告李邹叔祥称被告乱吃乱赌，不仅时常"偷我的嫁奁去卖"，稍有不慎，"便一阵乱打乱骂"，后来竟然"用刀来杀我，将我手上一刀"，实为"惨无人道"之举。⑤ 姜杨春桂诉姜吉发案中，姜杨春桂起诉状描述道：

---

① 《李谌氏诉李绍先案》，档案号：5-958，民国新繁县档案。
② 《吕龙氏诉吕文祥案》，档案号：3-701，民国新繁县档案。
③ 《姜吉发、姜易氏诉杨大兴、杨张氏案》，档案号：3-366，民国新繁县档案。
④ 《刘世秀等诉刁义才、刁黄氏案》，档案号：4-822，民国新繁县档案。
⑤ 《李邹叔祥诉李仲谋案》，档案号：4-01-1778，民国南溪县档案。

因被诉人姜吉发与氏结婚后尚属和好,殊去今两年性情突变,对氏语言不合辄加毒打,并于流血成伤。今年七月时,氏怀孕将娩,遭伊毒打,分娩后未及满月,又被夫殴,似此虐待难堪,惨无人道。势非置氏于死地而不止。①

由于传统中国的地方官府对诉讼的排斥,"如何才能耸动官府,也就成了原告必须首先加以考虑的问题。而'小事闹大',即是耸动官府的一种技巧"。② 希望离婚的妻子在状词中充分描述自己的受虐情形,以得到官府的重视和司法官的同情。以现代法理观之,她们致力于强调自己为"弱势群体"的一方,抑或虐待作为法定婚姻解除的要素业已深入人心。可以肯定的是,离婚案件的主要发起者已经由帝制中国的丈夫变为民国时期的妻子了。

三 离婚的庭审

李谌氏的案件同其他类似的案件一样,通过审判官简单批示后缴费立案,③ 然后县司法处将民事传票送达当事人,④ 进入第一

---

① 《姜杨春桂诉姜吉发案》,档案号:4-366,民国新繁县档案。
② 徐忠明:《小事闹大与大事化小:解读一份清代民事调解的法庭记录》,《法制与社会发展》2004年第6期。
③ 见《李谌氏诉李绍先案》,档案号:5-958,民国新繁县档案。对于传统中国基层司法中"批词"的系统研究,可参见刘昕杰《近代中国基层司法中的批词研究》,《政法论丛》2011年第2期。
④ 《李谌氏诉李绍先案》,档案号:5-958,民国新繁县档案。

次庭审。司法官要求原告说明诉由，李谌氏举例说明了被告虐待的事件，并强调虐待一事是"备有案的，我请离婚"，① 并提出了财产分割的请求：

> 我还有一口皮箱，一对壶，四个茶盅，一对漱口盅，一对胰盒，一件绸缎，一件毛线衫子，一件绸小衣，一件绸纤衣，还有条墨兰孔雀盘，险丹衫子各一件，又半毛绒小衣一条，瓷盆一个，灯盏一个在他家，要他退我。②

反观丈夫李绍先，与妻子坚定的离婚意向相比，其十分被动，当司法官询问时，一再反复强调自己不愿意离婚：

> 问：你们感情好么？
> 答：感情很好，不过他（她）嫌我人才不好。
> 问：他（她）请求这样你答应么？
> 答：我不愿离。
> 问：你们情感既不合，你又不能随时与他（她）一堆，况她不愿呢？并且去年你母亲同李谌氏有案子的，不如离了呢？
> 答：我不愿离。
> 问：这李谌氏现在住何处？
> 答：去年冬月回娘家，现在都未回我家。
> 问：他（她）都未回你家，现又正式起诉判决又怎能回家呢？
> 答：我不愿离。③

---

① 《李谌氏诉李绍先案》，档案号：5-958，民国新繁县档案。
② 《李谌氏诉李绍先案》，档案号：5-958，民国新繁县档案。
③ 《李谌氏诉李绍先案》，档案号：5-958，民国新繁县档案。

既然丈夫不愿意离婚,司法官试图调解双方和好。他劝李谌氏:"这李绍先说你们感情很好,不愿离啊。"原告李谌氏态度坚决,没有回还的余地:"感情既好,他就不应常常打我了,我愿离。"① 庭审结束后,李绍先呈递辩护状,再次表达不愿离婚的意思,称"自过门后,夫妇情感,异常良好,从无嫌怨",自己充服兵役去后,原告回娘家,并无他故,"民旧疾复发,请假归休,即接该氏返家,殊伊以语推贻不归","乃请托邻近黄大嫂往接,伊乃推贻不归","亲身往接,伊不但不回,反支使其母出而□骂","经民往接数次,竟坚决不理"。被告认为,是因为法警刘一阳"设谋教唆,从中怂恿"②:

  窃思该一阳,身为法警,竟敢设谋与讼,图中需索,若不恳请惩究,将难以彰法纪。况民与谌氏之夫妇感情,尚无不良之处,今被怂恿,情实难堪。总之,任彼等施何种伎俩,民始终不愿离异。……请钧处俯赐鉴核,驳回告诉,恳祈饬令谌氏返家,以敦旧好,免滋讼累。③

为了证明自己并无虐待之事,双方问题始于原告,在呈递辩护状之后,李绍先还以反诉的方式指控李谌氏"过门后浪漫性成,不遵管教","无故刁横,动惊母家,双方口角殴互有,继乃怒目辱骂,彼此成仇","无故诬蔑借词虐待,情所难甘"。④ 其在反诉中并未提出追究李谌氏之责,只是有力地证明自身清白。

---

① 《李谌氏诉李绍先案》,档案号:5-958,民国新繁县档案。
② 《李谌氏诉李绍先案》,档案号:5-958,民国新繁县档案。
③ 《李谌氏诉李绍先案》,档案号:5-958,民国新繁县档案。
④ 《李谌氏诉李绍先案》,档案号:5-958,民国新繁县档案。

半个月后，司法官主持第二次庭审，在庭审中，司法官希望再次劝二人和好，丈夫再三表示不愿意离婚，但原告李谌氏仍然坚持离婚：

> 问：他（她）请求离婚，你愿意么？
> 答：我不愿意离。
> 问：他（她）到你家能和好么？
> 答：很好的。
> 问：你二十二日不是递一张辩诉吗？说李谌氏不遵管教，既这样感情不合，又为何不离呢？
> 答：我不愿离，万一以后感情又好了。
> 问：李谌氏，你愿离么？
> 答：我要离，他随时都在想害我，我过不出来，要求离婚。①

在两次庭审中，法庭所关注的是对离婚原因的事实确认，即一再询问虐待妻子的事情是否属实。根据现代法理的"谁主张谁举证"原则，既然女方提出虐待事实，并以此为据要求离婚，那么，对虐待事实的确认就成为司法官判决离婚的主要依据。在妇女提出离婚的案例中，诉求得到法庭支持的主要原因均是证据确凿，这些案件要么有证据，要么有证人，抑或是有过虐待事实的刑事备案，证人都经过双方到庭当庭质证。妇女一般都求助于保甲及其邻人，请他们到庭作证，以为重要证据。如游开素诉陈春和案中，司法官判决的主要依据即为证人的言词证据：

---

① 《李谌氏诉李绍先案》，档案号：5-958，民国新繁县档案。

本件被告陈春和虽否认有时常打骂并虐待原告云事，但夫妻不和时常生事，则为其所不争，经本处传证人胡在中到案结称"原告懒，春和教他（她），以致时常打架，经联保评理，春和不应打她，后自区署调解过后，春和就不打骂她了"等证人语。据此考察，是被告虐待原告出于惯行，已属卓然，无可疑虑。原告谓为难之同居，诉请离婚。依前开各条文规定，自难谓无理由。①

依常理论，夫妻生活具有一定的隐秘性，双方之间的争吵打斗往往发生在特定的小范围内，即使有他人看见，旁人是否愿意作证也是一个值得考虑的事情。传统中国强调夫权，从而对丈夫殴打妻子有较高的容忍度。加之为他人作证而拆散一对夫妻也难为社会道德接受，要证人作证也并非容易之事。因此，妇女离婚诉求得不到支持的主要原因也即原告缺乏证据证明虐待事实。如周成美诉黄槐全案中，在第一次开庭时，周成美提到几个证人的名字，说他们知道黄槐全打骂虐待她，司法官当即宣布闭庭，传唤证人到庭。在第二次庭审的时候，几个证人均未到庭，法院因此认为"原告状诉被告有打骂虐待情形，经讯质并无显著事实，既无离婚条件，殊难从一造之请求遂为离婚之判决，被告既自愿领回和好为初，当以和解为宜"。② 陈梁氏诉陈益乐案中，原告陈梁氏不能提出证据，法院不予支持其诉求，驳回原告起诉。司法官认为："原告诉请与被告离婚之论据，不外谓被告平时屡加殴辱，今年复引人调戏，但被告均矢口否认，亦原告又不能提出丝

---

① 《游开素诉陈春和案》，档案号：4-971，民国新繁县档案。
② 《周成美诉黄槐全案》，档案号：3-140，民国新繁县档案。

毫证据，以资佐证此空言，何能信为其实。"① 邓世卿诉陈世开案中，司法官更是强调"（原告）谓被告打骂之事，亦夫妇间应有之事。如被告果有虐待原告，不堪同居情形，乃原告何能居住被告家中将及十载"，② 从而将夫妻间的一般打骂同虐待区分开来，打骂为夫妻间"应有之事"，自然不能作为认定离婚的依据。在刘徐氏诉刘德惠案中，刘徐氏以刘德惠虐待为由主张与刘德惠离婚，司法官在审判中，多次对虐待事实进行询问与核对，以确保虐待情况属实。在民国32年（1943）4月16日第一次问话中，司法官询问原告刘徐氏：

问：为何告案呢？
答：请求离婚。
问：有何理由？
答：公婆丈夫虐待我，我不能回去，故要离婚。

接下来，司法官向代理人徐荣华再次询问：

问：你有话代述呢？
答：刘徐氏是我的女，请求离婚我也同意。
问：有什么理由呢？
答：女婿刘德惠已结婚五年了，常虐待原告人，并于今年正月索打。原告人现在只能回家。应请判决离婚。

5月12日，司法官再次对徐荣华进行询问：

---

① 《陈梁氏诉陈益乐案》，档案号：4-957，民国新繁县档案。
② 《邓正卿诉陈世开案》，档案号：159-3-254，民国新繁县档案。

> 问：你请求什么？
>
> 答：请求判决离婚。
>
> 问：为什么理由？
>
> 答：因为刘家虐待我的女儿……
>
> 问：什么时候打的？
>
> 答：今年正月二十日打的。
>
> 问：谁打的？
>
> 答：女婿打的，与他母亲互相商议打的。

除了询问，早在民国31年（1944）刘徐氏提起诉讼时，璧山县司法处检察官便对刘徐氏进行了验伤，为本案的审理保留了重要证据。①

司法官反复确认原告方提出的虐待事实，很大程度上是因为司法官比较了解原告为主张离婚而常有夸大其词之举。李陈氏诉李治先案中，李陈氏称被告因自己仅生育一女，经常虐待、殴打她，希望司法官判决离婚。司法官经审查后判决如下：

> 本件原告所持以为请求判决离婚之理由，无非认被告在家对其时常打骂，有不堪同居之状态，及本年三月间口角时，被告拿菜刀想要杀死原告情事等语。查原告所称虐待之事，不过是被告时常打骂，不但被告不予承认，即使属实亦非达到不堪同居之程度……且原告亦无具体事实之证明提出。②

---

① 《刘徐氏诉刘德惠案》，档案号：12-242，民国璧山县档案。
② 《李陈氏诉李治先案》，档案号：5-02-2528，民国南溪县档案。

司法官最后否认了李陈氏"不堪同居之虐待"的离婚请求。与之类似的银西林诉刘绍云案①、姜税氏诉姜义三案②也因未提出有效证据证明虐待的事实，原告的离婚诉求被驳回。

司法官对虐待的严格认定和对丈夫打骂的容忍，自然有着"宁拆十座庙，不拆一门亲"的传统道德的考虑。在李谌氏诉李绍先案的庭审过程中，司法官对当事人双方多次询问，除了对事实的确认，即是劝谕双方和好。在几乎所有离婚案件的庭审过程中，司法官在发问时都是以征询意见的口吻，确定双方真实意志，并一再提醒提出离婚的妻子不要出于一时气愤。司法官还以调解人的身份，依据当事人的具体情况，劝谕双方和好，免失情意。滋贺秀三曾借用亨达森的话，将传统中国的民事审判称为"教谕式调解"，③而这一审判传统在民国的离婚庭审中体现得尤为明显。加之民国时期大部分基层司法兼理制度与传统县衙在社会功能和人员结构上并无实质的区别，④司法官多出于对本地民情的考量，与传统基层知县审断纠纷一样，充分运用父母官身份劝谕当事人，而现代法理所要求的程序正义在其间难被重视，整个庭审过程毋宁形容为代表家长的父母官与作为子民要求官府做主的当事人之间进行的三方对话。

---

① 《银西林诉刘绍云案》，档案号：5-02-1935，民国南溪县档案。
② 《姜税氏诉姜义三案》，档案号：4-01-1694，民国南溪县档案。
③ 〔日〕滋贺秀三等：《明清时期的民事审判与民间契约》，王亚新、梁治平编，王亚新等译，法律出版社，1998，第21页。
④ 刘昕杰：《政治选择与实践回应：民国县级行政兼理司法制度述评》，《西南民族大学学报》（人文社会科学版）2009年第4期。

四　离婚的后续问题

显然，由于李谌氏对离婚权利的坚持，司法官多次劝谕和好并未取得成效。一周后，新繁县司法处作出判决，判令二者解除婚姻关系，并依照被告自认范围返还原告嫁奁：

> 按夫妇在负同居之义务，不能因打骂细故而请求离婚。今原告既谓被告不以情义相待，坚请离婚，以防意外，而被告谓原告浪漫成性，不遵管教，家庭不安，是证两造感情极不相睦，势难同居，为防止复酿事端起见，自可准许原告请求离婚。至原告请求返还皮箱等物，除被告自认家中现存皮箱、木箱、被盖、帐子外，原告其余之衣物、茶壶等物坚不认存有此物。原告亦提不出证据，以资证明。自应依照被告所认各物判令返还。原告之一部有理由，一部无理由，爰依民事诉讼法第七十八条判决如左文。①

一审至此，原告李谌氏的诉讼请求几乎全盘得到司法官的支持，但李绍先并未放弃挽救婚姻，很快他上诉到四川省高等法院，在上诉状中称妻子"嫌贫爱富，控词虐待，强迫离异，不赔损失"。此时的李绍先还保留着传统中国夫权的认知，认为夫妻之间的离婚需要得到"夫诺"，因此"请求驳回一审判决"：

---

① 《李谌氏诉李绍先案》，档案号：5-958，民国新繁县档案。

> 既是嫌贫爱富，另嫁豪门，亦要取得夫诺同意，准可离婚，方为合法……被上诉人控词虐待，不愿夫家强迫离异，概是被上诉人胞兄谋刁唆怂恿，嫌贫离异另嫁豪门。似此离婚不甘服。①

高院很快开庭审理此案，在庭审中，司法官对李谌氏所称虐待事实进行确认。李谌氏不仅在庭审中多次表达自己受虐待且必须离婚的请求，而且聘请了代理律师发表意见：

> 本案被上诉人请求是维持原判，驳回上诉，诉讼费用由上诉人负担。查被上诉人与上诉人因不堪虐待，曾经原审检查处验有伤单，虽无判决及处分书，但经当庭处分罚给医药费一百元，而被上诉人在原审以不堪同居坚请离婚，原审认为已具备构成离婚条件，准予离异，判令返还奁物。上诉人提起上诉，而又无故不到庭，显是拖延，请维持原判。②

与当事人相比，该代理律师更谙法律，其阐述也颇具法理，他紧紧围绕虐待事实进行说明，抓住了"已具备构成离婚条件"这一理由。在李谌氏的坚持和律师的帮助下，二审很快驳回了李绍先的诉讼请求，"维持原判"，③ 整个案件最终结束。

在新繁县和南溪县的离婚案件结果中，实现婚姻关系解除的

---

① 《李谌氏诉李绍先案》，档案号：5-958，民国新繁县档案。
② 《李谌氏诉李绍先案》，档案号：5-958，民国新繁县档案。
③ 《李谌氏诉李绍先案》，档案号：5-958，民国新繁县档案。

占绝大多数（见表6-3），远超过维持婚姻关系的结果。而一旦判决离婚，首先涉及的就是夫妻财产问题。民国时期，妇女多缺乏收入来源，按照民法规定，离婚时，无过错一方可以提出损害赔偿的请求，而即使无过错，有能力一方也应当给予生活困难一方一定数量的生活费（民法第一千零五十六、一千零五十七条）。① 但综观新繁县的离婚案件，并无一例提出损害赔偿之诉，而生活费的请求也往往因为被告本身的经济情况较差而难以支持。如严廖氏诉严文才案中，严廖氏希望得到八百元的生活费，但司法官认为被告"无给付八百元赡养费能力，尚居显然。兹本庭斟酌双方情形，判令被告给付原告赡养费二百元"，② 而且这二百元在执行中也一再拖延，女方一再申请执行，男方分次才付足。③ 这样一来，反而是李谌氏通过请求返还嫁奁取得一定财产维持自己今后生计成为妇女离婚后寻求财产保障的可行的方式，也能较容易地得到司法官的支持。在新繁县其他离婚案中，有10件涉及嫁奁的返还，而只要女方能够列出清单并举出证据，基本上都得到了司法官的承认和保护。

表6-3 民国时期离婚案结果

单位：件

	解除婚姻		维持婚姻
	和解离婚	判决离婚	
新繁县	5	11	6
南溪县	5	10	4

---

① 蔡墩铭主编《民法 立法理由·判解决议·实务问题·令函释示汇编》，（台北）五南图书出版公司，1997，第984~986页。
② 《严廖氏诉严文才案》，档案号：5-318，民国新繁县档案。
③ 《严廖氏诉严文才案》，档案号：5-318，民国新繁县档案。

李谌氏与原告并无子女，而免去了抚养权的争议。而且事实上，在新繁县其他的离婚案件中，子女抚养问题并未成为双方争执的焦点，可能是由于生活条件的困难，女方在抚养问题上显得并不积极，甚至不愿意抚养子女。在陈国正诉雍汇东案中，司法官调解双方和好无果后询问女方是否愿意抚养孩子，妻子斩钉截铁地予以拒绝："女孩是他的，我不能带！"[1] 可见，当时的妇女还秉承着子女归宗的传统认知，认为小孩为男方家庭所有，理所应当由丈夫抚养。最后司法官考虑到孩子还小，所以只得要求女方"帮"男方抚育小孩，由男方给付抚养费，抚养两年后再交还给男方。[2]

南溪县的张童德明诉张明高案的审理，也返还了原告嫁奁。原告张童德明主张与被告离婚，并希望离婚后可以由被告承担自己的生活费，"被告等恶意遗弃我，不要我回他家，要请求脱离婚姻关系，及返还我的嫁奁，并负担我的生活费"，同时列出物品清单。其中，嫁奁清单中经审理查证属实的物品，司法官均判决归还原告，但生活费因被告始终不同意，最终由原告自行撤回该项请求。[3]

司法官对生活费的态度，也会根据实际情况进行调整。[4] 在徐萧氏诉徐长发案中，徐萧氏声称自结婚以来累遭被告父亲徐炳清的殴打，且其有意欲强奸的行为，徐萧氏不能忍受该虐待行

---

[1] 《陈国正诉雍汇东案》，档案号：4-982，民国新繁县档案。
[2] 《陈国正诉雍汇东案》，档案号：4-982，民国新繁县档案。
[3] 《张童德明诉张明高案》，档案号：5-2-872，民国南溪县档案。
[4] 关于民国离婚案件生活费的司法审判，以及生活费判决对离婚后女性权利的实际保障，可参见刘楷悦《生活费纠纷中的性别与法律——基于民国荣县档案的考察》，《法律与社会科学》2018年第1期。

为，且两造均未达到结婚年龄，故申请撤销该婚姻，并由被告及徐炳清给付生活费。被告则认为自己即将满十七岁，且家境贫寒，没有钱给原告作为生活费。况且原告于本年将其衣物首饰都带回娘家了，所以不应再要生活费。司法官认为，"被告徐长发虽无资力"，其父徐炳清有产业，"但徐炳清既非婚姻当事人，自无给付生活费之义务"，① 故驳回徐萧氏的生活费请求。

五 妇女的权利意识

在整个诉讼过程中，可以看出，李谌氏态度坚决，准备充分，技巧得当，顺利请得证人作证而确定了事实优势，庭审中坚持诉求，斥责被告的违法行为，甚至聘请了律师参与诉讼，最终获得了司法官的支持。而李绍先从起诉到结案，进退失据，方寸大乱，二审时可能知道大势已去而并未到庭，最终人财两空。

李谌氏对法律的认知和对自己权利的维护意识都表现出在民国民法典的鼓励和支持下，传统中国离婚法所带来的男性离婚特权在基层社会的夫妻关系中逐渐走向消亡。处于中国内陆农村的四川新繁尚且如此，全国风气可见一斑。根据20世纪30年代对燕京大学女生的调查，66.7%的女性拥护有理由的离婚权利。②"传统社会的一切礼教、法律、社交、教育、职业，无不压抑女

---

① 《徐萧氏诉徐长发案》，档案号：13-505，民国璧山县档案。
② 梁议生：《燕京大学六十女生之婚姻调查》，《社会问题》第1卷第2、3期合刊，1930。

子"（陈独秀语），[1] 这种压抑和漠视在民国时期得到爆发性的突破。1924年1月，《中国国民党第一次全国代表大会宣言》提出："于法律上、经济上、教育上、社会上确认男女平等之原则，助进女权之发展。"在婚姻立法上，西方婚姻平等、男女平权的观念和制度在民国婚姻法律制度中得到基本贯彻，婚姻当事人双方正趋向于平等，离婚的决策权逐步趋向于从官府、从家长、从男性向婚姻当事人、居于弱势一方的妇女转移，进而使得传统婚姻关系所关注的重点也从家族利益转向个人幸福。然而正如有学者指出的，"尽管新法典有惹人注目的条款，司法实践常常仍然遵守守旧的方式。变化肯定是相当可观的，但其程度不应过于夸大"。[2] 民国正处在一个急剧变化的历史转折期，社会的方方面面都处在由传统向近代转化的阶段，因为"破"与"立"发生了断裂，社会存在的失范性是在所难免的，离婚现象也一样。特别是在像新繁县这样深处内陆的农村，纸面上的法和社会生活中的法难免有所割裂，例如过分强调离婚的权利而缺乏对离婚之后妇女生活的保障是司法实践中可能影响地方秩序的大问题。但不管如何，民国民法典的离婚制度，在相当程度上促进了妇女权利意识的觉醒，也在相当程度上使得夫妻的地位发生了改变。

---

[1]　张希坡：《中国婚姻立法史》，人民出版社，2004，第79页。
[2]　〔美〕黄宗智：《法典、习俗与司法实践：清代与民国的比较》，上海书店出版社，2007，第164页。

Chapter

seven

第七章

继而废承：从身份到财产的转型

一　财产继承的确立

中西社会在财产的代际传承上有着重要的区别。中国主要是采取分家的方式，一旦子女成家，父辈就在生前完成对家庭财产的分配，从而实现开枝散叶般的家族扩散；而西方社会则主要是在父辈去世之后进行财产分配，而与子女本身是否成年成家无关。换言之，中国财产的代际传承不仅是一个财产问题，更有着强烈的家族身份性质。对中国而言，"继承两字成为法律上的专门名词，这是中国古代所没有。……几千年来，把分析遗产的事情，听之于各地习惯，法律上不加规定"，[1] 在1911年《大清民律草案》颁布后，"继承"才正式进入中国的法律语言。从现代民法的意义上理解，继承被定义为一人死亡时，其亲属或其指定之人一般地包括地承继其财产。[2] 民国民法典继承编吸取西方"继承"概念，对既有的财产传承制度进行改造，废除了传统社会的分家承嗣，强调继承制度的财产属性，从而极大地影响了基层社会分家析产案件的法律规制和司法实践。

一般认为，中国古代的继承，主要是指宗祧继承，"宗祧继承又称祭祀继承，根据宗法制度，一家之中，每一世系只能有一个男性嫡子或嫡孙享有宗祧继承权，以使祖宗血食不断"。[3] 而以

---

[1] 黄景柏：《现行继承法谈话》，法学编译社，1933，第13页。
[2] 史尚宽：《继承法论》，中国政法大学出版社，2000，第18页。
[3] 张晋藩：《清代民法综论》，中国政法大学出版社，1998，第222页。

嫡长子为主要继承人,"有子立长,无子立嗣"的宗祧继承的基本原则为中国传统社会的历代律例所普遍遵循。对于家族财产的传承,则主要遵从"诸子均分"的基本标准,① 由父母对成年子女进行财富分配,即所谓的"分家析产",如果没有父母的参与或承认,则受到法律的否定。②

因此,中国传统社会的继承规则,对于身份而言,是宗祧继承,对于财产而言,是分家析产。对于这两个制度与西方现代民法中的继承制度的差异,刘含章在解释民国民法继承制度时有着较为精练的说明:

> 吾国旧律关于继承之规定,有宗祧继承与财产继承之分,宗祧之继承与财产之继承,均不以被继承人之死亡为继承之开始,在被继承人生前亦得为之。其定此继承之法规,虽未汇集成编,而清律户役门立嫡子违法律及例,即属关于宗祧继承之规定,卑幼私擅用财律及例即属关于财产继承之规定。……吾国旧律关于财产继承之规定,则不以遗产之继承为限,被继承人生前将其财产分析与该律所定之应承受其财产之人,亦应适用该律平均分析之规定,否则有处罚之明文(卑幼私擅用财律)。③

清末,由沈家本主持编订的《大清民律草案》第五编第一次

---

① 台湾学者卢静仪曾汇表说明《大清律例》关于财产分配的规则,由此可见"均分"之标准。参见卢静仪《"分家析产"或"遗产继承"——以大理院民事判决为中心的考察》,《法制史研究》第13期,2008年6月。
② 如《大清律例》中"别籍异财"律规定,"祖父母、父母在者,子孙不许分财异居",但"其父母许令分析者,听"。
③ 刘含章:《民法继承编实用》,南京环琦书屋,1936,第1、4~5页。

明确而统一地使用"继承",这宣告分家制度开始淡出国家法领域,财产继承制度被引入中国。而 1930 年的《中华民国民法》,则几乎完全按照西方继承法的体例,对家庭财产代际传承进行了改造,废除了宗祧继承制,规定财产继承并不以宗祧继承为前提,并采用死后继承制。该法规定"继承,因被继承人死亡而开始"(第一千一百四十七条)。由此,传统中国的宗祧继承和分家制度在法律上被西方式的财产继承制替代。

二 司法中的分家承嗣

已有学者指出,民国法律实践对继承法的大部分原则,特别是代表着一定进步意义的新制度,都给予了及时的回应,例如对妇女的财产继承权的明文确立和对遗嘱自由原则的贯彻等。[1] 在何淑华诉何黄氏案中,原告何淑华即是以被继承人女儿的身份向其继母主张继承权,索要嫁奁费。二审法院的判决也承认"女子有继承财产权,应否独享此项遗产,抑被继承人之子女应否平均分配,是已查上诉人及其法定代理人在第一审主张现行法例,女子应有继承遗产之权"。[2] 在张陈氏告陈文华案中,张陈氏以被继承人所生女儿身份,主张自己享有"继承之权利",邻水县司法

---

[1] 关于妇女继承权的问题,可参见〔美〕白凯《中国的妇女与财产:960—1949》,上海书店出版社,2007。

[2] 《何淑华诉何黄氏案》,档案号:5-170,民国新繁县档案。

处依据《中华民国民法》的规定，确认了张陈氏法定继承人的身份。① 此外，在遗产的司法处理中，司法官也基本上能援用现代继承法理进行判决，如利用现代民法的共有权理论阐述遗产共有与分割：

> 查民法八百十八条规定，各共有人按其应有部分对于共有物之全部有使用收益之权，又同法第八百二十三条第一项规定各共有人得随时请求分割共有物。本件系争之本县外东三道桥李家碾两处房屋系两造所共有，为不争之事实。②

虽然基层司法较为严格地执行了民法中源于西方的继承制度，但并不代表传统中国社会中的分家析产和宗祧继承就此完全消失。《中华民国民法》第一千一百四十七条规定，"继承，因被继承人死亡而开始"，借鉴的是西方继承法的死后继承制度，但对于中国传统社会父辈生前的财产分割形式（分家析产）并未作严格的否定，因此，在援用现代法理处理的死后遗产案件中，父辈生前分家析产的情况依然大量存在。戴碧源诉戴碧兴案中，原告戴碧源在诉状中称：

> 民弟兄三人，胞兄碧兴，胞弟碧湘，家母在时，鉴于人口日繁，业已凭族分居。各经有年，而家母则提膳田三十亩零。于二十六年家母病故，弟兄商得同意凭租证在场拈阄将遗产作三股均分，各自管业。③

---

① 《张陈氏诉陈文华案》，档案号：12-1-2105，民国邻水县档案。
② 《周禹门诉周章甫案》，档案号：4-614，民国新繁县档案。
③ 《戴碧源诉戴碧兴案》，档案号：3-994，民国新繁县档案。

在何淑华诉何黄氏案中，原告何淑华称，"被告何黄氏系继母，民父达爵生时，因家庭不睦，曾与被告分家，被告母子分得产业十四亩"。① 何黄氏诉何裕丰案中，原告何黄氏在诉状中称，"民先夫章武（达爵）在日，昆仲四人于前民二十四年全月初旬，当同族亲何镜波等，凭神拈阄，分得海元堂内老宅房屋共计十五间，现有分约可质抄呈"。② 薛彭氏诉薛体润案中，原告薛彭氏要求与被告平分翁父遗留的养膳之银，被告却认为"我父只有膳银四百四十元，在我们二十四年分家的时候已在分约载明，二十五年我弟死的时候用了三十四元作丧葬费，二十六年薛彭氏经营生意折了本，又赔了一百多元，是年我母死了，又用了一百多元"。③

这些分家行为都遵循财产均分的基本原则，而且都遵循了传统的分家程序，即多由父母主持，并有族戚作为证人在场。叶德华诉叶德长案中，被告叶德长称"民弟兄三人于光绪三十四年奉母命分家，是余伯初主人经手分的，只有三百两银子押在黄玉兴处，弟兄各分一百两"。这些程序和凭证保证了分家习惯在民间无可辩驳的约束力，因此，在这些案件的庭审过程中，未出现双方对分家析产本身的争执。④

同样的情况也发生在宗祧继承问题上。在传统社会，如果无子，则可立同宗族后辈为嗣子，继承宗祧，即承嗣或立嗣。在陈刘氏诉陈赖氏案中，原告陈刘氏在诉状中提道："民翁患病垂危

---

① 《何淑华诉何黄氏案》，档案号：5-174，民国新繁县档案。
② 《何黄氏诉何裕丰案》，档案号：5-173，民国新繁县档案。
③ 《薛彭氏诉薛体润案》，档案号：5-29，民国新繁县档案。
④ 《叶德华诉叶德长案》，档案号：5-543，民国新繁县档案。

自知不起，始行帖请民翁之学生钟信恒、王瘦枝及亲族近邻保甲等，来家诉说抚嗣各节。当经民翁之同意，自愿抚得民之生女之子与民为孙，当及服同众人，由翁父与此子命名为安常二字。"① 在邓嗣章与邓嗣文关于承继一案中，原告邓嗣章之先祖联科育子三人，"长延仕，次延相，幺延禄，而延禄之妻彭氏乏嗣，延禄于光绪十七年病故，彭氏孀守无依，乃于光绪二十一年十月初三日请凭族戚抱长房延仕之子嗣章继承，有抱约为凭"。② 龚陈氏、龚尚贵诉龚尚桐、龚李氏案中，龚尚桐在辩诉状中也提到立嗣："民大哥龚永庚、大嫂陈氏，于光绪年间因乏嗣无后乃私与民之大姑胡龚氏订约抚伊子胡利生承祧。"③ 民国民法典虽明令废除宗祧继承，但在传统社会，承嗣意味着继承家业，自然包括传承家庭财产，因此在陈刘氏诉陈赖氏案中，正是由于有"抚孙安常"的存在，原告陈刘氏才向其婆婆索要其公公遗产。④ 在传统社会中，承祧之子的存在与否直接影响分家与遗产继承的可能性，财产的分割是在兄弟之间发生的。"在'房'没有划分出来之前，子侄们不能越过父亲独立地代表一个房。但如果有一个兄弟去世，则他的儿子可以代表他父亲本应代表的那一'房'。"⑤ 因此，承嗣在传统家庭血脉延续中显得十分重要。民国民法典废除了宗祧制度，并将财产继承与嗣子问题完全分离，但在继承案件

---

① 《陈刘氏诉陈赖氏案》，档案号：3-269，民国新繁县档案。
② 《邓嗣章诉邓嗣文案》，档案号：9-05-095，民国荣县档案。
③ 《龚陈氏、龚尚贵诉龚尚桐、龚李氏案》，档案号：3-703，民国新繁县档案。
④ 《陈刘氏诉陈赖氏案》，档案号：3-269，民国新繁县档案。
⑤ 俞江：《论分家习惯与家的整体性——对滋贺秀三〈中国家族法原理〉的批评》，《政法论坛》2006年第1期。

中却无法回避承嗣的实际存在。

在南溪县沈天焕诉沈蒋氏案中,原告沈天焕之父沈正柱,早年由原告叔祖父沈国治抱过房承祧,并为之娶被告沈蒋氏为妻。民国19年（1930）,沈正柱身故,被告无子。民国30年（1941）沈国治又病故,遗有财产一百五十挑,租额三十一年,被告与沈国治另续之子沈玉斋平均分割该项遗产。原告成年后诉至司法处,主张继承遗产,并愿由被告保管遗产中的三十七挑半租额作为被告之养膳费。被告沈蒋氏对此作出反驳:"沈正柱兼祧长二两房,系先娶唐氏承祧生子,即原告二房系娶民承祧,兹原告既为长房之宗嗣,则不应对二房沈国治之遗产请求继承。"① 司法官经审理查证,认为本案争议之症结端在原告对于沈国治之遗产有无代位继承权一点,其先引用兼祧规则肯定原告之父沈正柱拥有与婚生子女相同的继承权,然后通过现代代位继承规则,对原告沈天焕的继承权予以确认:

> 查本件原被两造对于民国十五年沈国治抚抱沈正柱为嗣之事实均无争论……按前大理院及最高法院曾屡□判例谓"'嗣'子原不得兼承两宗祧,但可继人,如为独子,因独子之人不能出继,他房而绝其本宗,故特许承继本房宗祧外兼承他房之宗祧"。是一子兼祧须具备一定法定条件始可……按民法继承编施行前所立之嗣子女,对于施行后开始之继承其继承顺序及应继分与婚生子女,同此为民法继承编施行法第七条明文规定…………又于民法第一千一百三十八条规定

---

① 《沈天焕诉沈蒋氏案》,档案号：01-1891,民国南溪县档案。

"遗产继承除配偶外，直系血亲卑亲属为第一顺序之继承人"，而第一千一百四十条又规定第一顺序之继承人有于继承开始前死亡者，由其直系血亲卑亲属代位继承。①

分家承嗣的习惯在民间得以延续，但民国民法典在法律上规定的现代继承制度和传统的分家承嗣等继承习惯到底有何区别和联系，却是一个比较艰深的法理问题，远非基层民众所能明确了解，而且司法官在案件中也不得不模糊处理。

在傅道德诉傅张氏案中，原告傅道德诉称，"民前以废抚霸业情词具诉抚母傅张氏在案，述讯判决应遵。窃该张氏前于民国四年凭证抚民为子，原为继承长房后嗣起见，现有抚约为凭。今伊坚不承认致使长房绝嗣，不惟生者难甘谅想，死者亦难瞑目"。② 这看似是一个典型的传统承嗣纠纷，司法官受理后，随着案件的发展，两造争议的实质却是财产继承问题，而且此案在一、二审的案卷中，新繁县司法处、四川省高等法院在案件的"案由处"填写不同的案由，一审新繁县司法处采用中国传统用语的"承继"③，而四川省高等法院则以现代民法的"继承"④ 命名。由此可见基层法院与高等法院在法律概念使用上的差距。

在胡兆香诉胡余氏案中，司法官则以判决方式确认了宗祧继承及其抱约的效力。胡济邦的原配王氏早死无嗣，仅遗一女芝桃，续娶林氏未育。后济邦亡故，民国20年（1931）林氏又去

---

① 《沈天焕诉沈蒋氏案》，档案号：01-1891，民国南溪县档案。
② 《傅道德诉傅张氏案》，档案号：3-638，民国新繁县档案。
③ 《傅沈氏、傅道德诉傅张氏案》，档案号：3-638，民国新繁县档案。
④ 《傅沈氏、傅道德诉傅张氏案》，档案号：3-638，民国新繁县档案。

世。于是族人乃请凭亲族从场，由胡兆香之祖母胡余氏主持，抚抱胡兆香为胡济邦之嗣子，将胡济邦所有遗产分作两股，一股授其直系血亲卑亲属芝桃继承，一股交与上诉人继承，立有抚约，记载明白。后因芝桃病故，胡兆香祖母胡余氏抱长房之孙华吉为芝桃遗产继承人。胡兆香对此不服，认为芝桃遗产属于赠与性质，而非遗产，应返还给自己所有，因此诉请确认胡芝桃受赠之遗产全部返还原告，并准撤销祖母所立之非法条件。司法官对此判决如下：

> 按女子应与男子平分财产，如父母亡故而无亲子或可将立嗣，女子得继承遗产全部……查该芝桃为胡济邦之直系血亲卑亲属，依法继承乃父遗产于法尚无不合，复观该芝桃病危临终遗言深以父母礼祀为中，恳祖母择立胡兆林子华吉为其遗产之继承人，亦属合法行为。①

司法官确认了芝桃的合法继承权，并对祖母择立长房之孙为继承人的行为效力予以肯定，同时，原告胡兆香作为嗣子的继承权，也得到了司法官的默认。

叶德华诉叶德长案也是一件较为典型的继承案，却由于原告叶德华在诉状中的用语为"请判令被告分产业十四亩零与民"，②司法官在判决书中也就顺势认定"当事人间因请求分家事件，本处判决如左"，③将案件纳入分家纠纷。何淑华诉何黄氏案中，原告何淑华向被告继母何黄氏请求"嫁奁费"。本案中，何淑华父

---

① 《胡兆香诉胡余氏案》，档案号：9-12-289，民国荣县档案。
② 《叶德华诉叶德长案》，档案号：5-543，民国新繁县档案。
③ 《叶德华诉叶德长案》，档案号：5-543，民国新繁县档案。

亲已经去世，原告请求的嫁奁费从本质上说是父亲的遗产。但显然，当事人对此概念并无了解，在本案卷首页"案由"一栏，司法处也书作"嫁奁费"。① 另外诸如"分析"② "家务"③ 等也十分常见。当事人和司法官在描述案件性质时所常采用传统用词均非现代民法的法律概念，反映出民国民法典摒弃传统分家承嗣而采纳现代财产继承制度的法律背景下，传统制度和习惯仍在基层社会生活和官民思想观念中存在。

三 分家承嗣对判决的影响

即便是回到法律适用过程本身，分家承嗣对继承案件的审理也有着重要的影响。这种影响体现于司法审判的事实认定和法律适用两个阶段。在事实查询中，司法官会在庭审时主动询问分家承嗣事宜，以探寻案件所涉事实情况；在法律适用中，由于分家和承嗣都会对当事人的权利义务产生法律上的实质影响，司法官在应用现代法理进行定分止争时，不得不受到这一强大习惯的影响，在判决中尽量吸纳这些传统习惯，据以作出令当事人信服的纠纷裁断。

在龚陈氏、龚尚贵诉龚尚桐、龚李氏案中，司法官主动发问："以前分过家吗？"被告答："分过，但此产业是大家共有

---

① 《何淑华诉何黄氏案》，档案号：5-174，民国新繁县档案。
② 《陈刘氏诉陈赖氏案》，档案号：3-269，民国新繁县档案。
③ 《龚陈氏、龚尚贵诉龚尚桐、龚李氏案》，档案号：3-703，民国新繁县档案。

的。"① 在叶德华诉叶德长案中，司法官问叶德长："你们兄弟分家没有？"答曰："光绪卅四年分了家的。"司法官进一步追问："你们兄弟分断没有？"被告回答："分断了的。"② 而在陈杨氏诉陈新文案中，由于财产继承所涉遗产范围与当事人的分家情况有关，司法官更是多次主动询问当事人之间的分家情况，以确定遗产继承的范围。

问（陈杨氏）：财产是何人遗留的？被告是你何人？

答：是我公公留下的，他们都是我哥哥。

问：你丈夫在时，分过家吗？

答：没有。……

问（陈新文）：你们之前分过家吗？

答：民十一年由家母主持分过。大家作五份分的。我大哥不在此内。

问：什么叫分大家？

答：把二道牌坊的田十八亩卖掉各分印一百五十元。外并分家具。

问：那没有分别的东西吗？

答：没有分过。

问：你们是五房分的，大哥没有吗？

答：是的。……

问：民十一年以后还分过家没有？

答：去年二月初八青白江的二十五亩多田卖掉作六股均

---

① 《龚陈氏、龚尚贵诉龚尚桐、龚李氏案》，档案号：3-703，民国新繁县档案。
② 《叶德华诉叶德长案》，档案号：5-543，民国新繁县档案。

分的，每股分三百八十二元。①

事实查询中对分家情况的重视，如果单从现代法理角度看是不具意义的，因为民国民法典未对分家析产所产生的财产分割和继承赋予法律效力，换言之，分家析产并非成文法意义上的"法律事实"。但是在司法实践中，无论具体情况为何，司法官与当事人都不约而同地将分家析产视作对当事人权利义务的划分，而这一种传统习惯中的财产划分方式所产生的结果也自然成为判断法律上财产继承的事实依据。在黄文玉诉黄云案中，原告黄文玉认为黄云侵占父母遗产，而黄云抗辩称"产经分断事隔多年"，②法院经过对分家情况的调查，依照黄云"分过家"的抗辩，认定了原已无遗产可分，驳回了黄文玉的诉讼请求。③

与分家析产相似，嗣子的身份也是司法官在财产继承案件中十分关注的案件事实。王心福诉李文氏案中，原告王心福由被告李文氏抱过房做王天春嗣子，有族证可凭。司法官依据该族证，确认王心福嗣子身份，并以"原告为天春的嗣子是为真实之认定"，④判决准许原告请求确认继承权。曹古氏诉曹刘氏案中，司法官也确认了"抚抱之子"⑤的继承权。在习怀安诉习尧光案中，习怀安抚抱习尧光为子。习尧光长成后，嗜好烟赌，贪图习怀安财产，习怀安无法，以"背逆图产"等词具控习尧光到案，请求

---

① 《陈杨氏诉陈新文案》，档案号：4-962，民国新繁县档案。
② 《黄文玉诉黄云案》，档案号：3-148，民国新繁县档案。
③ 《黄文玉诉黄云案》，档案号：3-148，民国新繁县档案。
④ 《王心福诉李文氏案》，档案号：5-02-988，民国南溪县档案。
⑤ 《曹古氏诉曹刘氏案》，档案号：9-07-507，民国荣县档案。

撤销抱约。司法官以抱约属实、"主张撤销抱约于法不合"① 为由，驳回习怀安诉求。在吴成松诉吴泮齐案中，司法官一再询问当事人的嗣子地位，并问当事人有无"抚约"证明。② 虽然当事人的宗祧地位与财产继承并无法律关系，但司法官在龚陈氏、龚尚贵诉龚尚桐、龚李氏案的判决书中写道：

> 查原告系龚陈氏及一股龚永耕之养子，位居大房，既据原告提出抚养约据以资证明后，据龚陈氏承认让□属实，已无疑义。告龚尚桐空言主情其为龚陈氏之兼祧子，并经龚陈氏当庭否认，该被告自无兼享分受大房财产之权利，所有祖遗共有财产之四分之一（计七十元）其属大房应分得，自应归原告分得，此七十元已经被告龚尚桐分去，原告请求该被告返还要无不当。③

司法官在判决书中对已为继承法废止的宗祧继承给予明确承认，并将其与财产继承的法律诉求相联系，但民国民法典中废止了宗祧继承，因此司法官在判决时"无法可引"，只好依传统分家析产的"诸子均分"的民间习惯作出判决。而与吴成松诉吴泮齐案相似的刘用全诉刘用章案中，作为立继身份证明的"抚约"在庭审中首先被司法官问及，由于原告没有拿出"抚约"作证，司法官认为"被告所述事实并无何种证明，纯系空言抗辩，殊难凭信"，④ 而未对原告既是嗣子并有财产继承权的传统思维进行反

---

① 《习怀安诉习尧光案》，档案号：9-05-094，民国荣县档案。
② 《吴成松诉吴泮齐案》，档案号：3-988，民国新繁县档案。
③ 《龚陈氏、龚尚贵诉龚尚桐、龚李氏案》，档案号：3-703，民国新繁县档案。
④ 《刘用全诉刘用章案》，档案号：3-90，民国新繁县档案。

驳，不难想象，如果本案中被告能够证明其确为雷氏之承祧嗣子，司法官势必会基于此情，作出相反的判决。在陈刘氏诉陈赖氏案中，原告陈刘氏是陈焕然（被继承人）之儿媳，丧夫后，她孀居多年，抚有一孙陈安常并让其承祧，作为续弦之妻的被告陈赖氏与已亡的陈焕然育有三女。按照法定继承原则，陈赖氏丈夫的遗产应该在陈赖氏、陈刘氏以及三个女儿中进行分割。然而，由司法官主持的和解中，却达成了以下和解条件：

> 一、陈赖氏允将其先夫陈焕然之遗产分给陈刘氏及其抚孙陈安常水田十亩整，肥跷（硗）分配匀搭。二、陈赖氏允将现有清白乡蔡家岗房产分与陈刘氏及安常，现房一间，草房三间，现由陈赖氏管业。三、座（坐）落城内之全部瓦房由陈赖氏及其生育之三女居住，陈赖氏百年去世后交与安常永远管业。①

可见，司法官主持的和解由于较少受"依法判决"的约束，更是直接按照传统宗祧继承的习惯来进行定分止争，赋予了承祧继承人直接的财产继承权。

司法官在审理财产继承案件时对承嗣析产在事实认定和法律适用中的重视乃至承认，不仅于基层司法中得以充分体现，而且在四川省高等法院的二审判决中，承嗣析产的传统习惯也极大地影响着司法官对案件的最终判决。在高院的判决中，司法官对传统习惯的采信显得更为谨慎，在援引相关事实依据时，更倾向于运用现代法理对传统习惯进行必要的解释与矫正，在何淑华诉何

---

① 《陈刘氏诉陈赖氏案》，档案号：3-269，民国新繁县档案。

黄氏案中，原告上诉至四川省高等法院，二审判决阐明理由：

> 查民国二十年是在继承开始以前，一方嗣子三人及其生母分田十四亩，一方女子分得生活费二百四十元，其双方享受者只能谓何达爵生前赠与之一种行为。惟继承开始之后所遗之八亩田土，其直系血亲卑亲属依民法一千一百四十四条第一项可同为继承。上诉人攻击其第三人不能均分殊有未合。按诸情法，上诉人何淑华应于八亩遗田内取得四分之一，即遗田两亩有继承所有权。①

在判决中，法院将之前的分家析产行为按照现代民法的"赠与"进行认定，从而以现代民法概念包装传统民事行为，赋予了分家析产所产生后果法律效力。该案中司法官通过确定"赠与"而划清了继承财产的界限为"遗田八亩"，然而如果依照法定继承，参与继承人应有原告何淑华、被告何黄氏以及何黄氏之三子，一共五人，何淑华应取得五分之一，可判决却是"上诉人何淑华应于八亩遗田内取得四分之一，即遗田两亩有继承所有权"。由此可见，高院司法官实际上也并未遵照法定继承进行分割。显然分家行为对高院的司法官裁判也产生了影响。如果司法官在该案中严格按照法定继承及均分原则，仅就遗产而言，何淑华与其他继承人是平均的，但是若加上分家时的财产一起考虑，上诉人所得就远不公平了。因此，司法官权衡之下，在继承人间有选择地进行了均分，在一定程度上维护了何淑华的利益。

---

① 《何淑华诉何黄氏案》，档案号：5-170，民国新繁县档案。

从新繁县档案中，我们可以看到，分家承嗣的传统在很大程度上决定了基层社会群众和基层司法机关在纠纷处理中所秉持的态度。因此，尽管分家承嗣依然盛行的社会现实与财产继承的法律规定之间存在冲突，但基层司法机关在司法活动中仍频频表现出对习惯的承认和尊重。

四　两者的协调

中国传统社会在代际传承上，重视身份的功能，即承嗣，而对于财产的分析，则附随于嗣子的身份以及诸子均分的原则，实现财产由"一户"分析为"数户"，故而有人指出："汉人家族土地的转移是'分房'的具体表现，而非死者和自然人'继承'关系，必须摆脱西方个人主义的土地所有权之束缚，家族财产转移不受代表房或家族之自然人的生死来决定。"① 因此，在西方财产继承和中国分家承嗣的背后，实际上是两种不同的家庭财产制度和家庭观念，"吾国数千年来于分析祖父遗业之事，一委诸习惯。……现今欧洲各国，其法律概采个人主义，并不认有家族。故其所谓'继承'，直一财产之移转，无他义也"。② 西方重个

---

① 陈其南：《家族与社会》，（台北）联经出版事业股份有限公司，2004，第13页。
② 《中华民国暂行民律草案》第五编"定名"，法政学社1912年印行，转引自俞江《继承领域内冲突格局的形成——近代中国的分家习惯与继承法移植》，《中国社会科学》2005年第5期。

人，中国重家族，而法律制度的变革不代表社会家族结构的变迁，这也正是民法典虽然确立了西方的财产继承制度，但分家承嗣仍广泛活跃于民间和法律实践之中的原因。

按照俞江的说法，分家习惯至少在三个方面与财产继承存在冲突：第一个方面是"民间要求承认家庭财产，并用分家模式解决家产传承问题，而国家法认为任何财产在不转换为个人财产之前，均无法继承"；第二个方面是"分家习惯不承认女子继承权，无亲子时，由立嗣制解决家产传承问题；而国家法则要求男女平等继承，在无亲生子女时，赋予相当范围内的亲属可依法定顺位享有继承权"；第三个方面是继承法否认生前继承的可能性。[①] 而这三个法理上的冲突在基层司法中均未得到直接体现，对于立嗣和财产继承，民国民法典通过继承法割裂了两者的联系，生前的继承作为分家习惯也不对财产继承的实质性问题产生影响，而所谓家庭财产的认定，则被归入财产继承的范围之中，因而习惯和法律在案件的审理中并不存在直接的冲突，更多的是两者基于分家承嗣习惯在民国基层司法中的存在，表现在当事人和司法官个人受到地方性生活知识的影响，会在对案件事实的认知上产生不尽合法律的判断，甚或在庭审阶段会有对地方分家承嗣习惯的普遍共识，分家承嗣也通过司法官的个人认知和当事人的内心认同进入司法审判过程中，从而影响诉讼进程。

---

① 俞江：《继承领域内冲突格局的形成——近代中国的分家习惯与继承法移植》，《中国社会科学》2005 年第 5 期。

Chapter eight

第八章

兹事体大：由刑转民的坟产纠纷

一 坟产权益的法律规范

坟产，一般指坟界范围内的坟茔、坟树等土地及附属物。坟产在国人的传统观念中占有特殊的地位：其一，坟产通常为族墓或祖坟所在地，在敬祖收族的传统观念下，家族成员须对族墓进行谨慎的保护；其二，按照传统观念，坟产及其所包含的坟墓、坟山，往往依托风水而建，其完整性关系到逝者的安稳和后人的事业；其三，坟产所附随的土地权利，当然也是家族重要的物质财富。因此，坟产在一定程度上是中国传统文化在法律权属上的重要缩影，即一项权益同时包含宗法、风水与财产等因素，兼有物质性和精神性权益。基于坟产的特殊性，传统中国的国家法律与民间规范均对坟产作出了特殊保护。

清代法律从坟产地权、坟园树木与坟墓等方面对坟产权益进行规范和保护。由于坟产具有一般财产之外的精神寓意，清律将坟产区别于一般财产，对侵害坟产行为的处罚重于侵害其他财产的行为，并将卑幼与尊长纳入量刑考虑，维护伦理秩序。清律的相关规定大致可分坟地、坟木、坟墓三个部分。

坟地本质为田产，清律规定，凡侵占归属他人田产者，依土地性质与数量处笞五十以上的刑罚，并要将田产与得利归还或交官。[①] 但如果涉及子孙盗卖公共祖坟山地，则采取特殊规定，"若

---

① 《中华传世法典·大清律例》，田涛、郑秦点校，法律出版社，1999，第195~196页。

子孙将公共祖坟山地，朦胧投献王府及内外官豪势要之家，私揑文契典卖者，投献之人问发边远充军，田地给还应得之人。其受投献家长并管庄人，参究治罪"。① 对于一般的土地诉讼，清代除了对官府的地籍进行查对外，还要求进行实地勘察，以便做到证据确凿。但基于坟地纠纷的特殊性，乾隆年间官府专门针对坟产争讼进行了更为详细的规定，坟地争讼中所需查证的证据依时间区分，近年者可以印契为凭，远年则需将山地字号、亩数、鳞册与现场逐一核对、勘察，方可进行审断，以保证坟产诉讼得以公正处理。②

清律对坟园树木产权也予以特殊保护。在传统风水观念中，坟墓周围树木"系遮荫风水，切不可擅自砍伐，致误坟茔"。③ 清律规定，"凡盗园陵内树木者，皆不分首、从，杖一百，徒三年。若盗他人坟茔内树木者，首杖八十，从减一等"，④ 帝王园陵与凡人坟墓分别科刑。康熙年间，步军统领衙门对"不肖子弟及无赖之徒，将坟园树木私行砍伐盗卖者，均予以责惩，私砍树木予以追回，入官在案"。乾隆五年（1740）"查奴仆盗卖家长祖坟树木，较偷盗家长财物情罪尤重，若仅照窃盗律论，不足蔽辜，应计赃加窃盗一等治罪"，⑤ 并增加了对子孙与奴仆的规定："凡子

---

① 《中华传世法典·大清律例》，田涛、郑秦点校，法律出版社，1999，第196页。
② 郭成伟主编、吴坤修等编撰《大清律例根原》第1卷，上海辞书出版社，2012，第437页。
③ 《桃源庄氏族谱汇编》，转引自任志强《明清时期坟茔的纷争》，《安徽大学法律评论》2009年第1期。
④ 郭成伟主编、吴坤修等编撰《大清律例根原》第2卷，上海辞书出版社，2012，第868页。
⑤ 郭成伟主编、吴坤修等编撰《大清律例根原》第2卷，上海辞书出版社，2012，第869页。

孙将祖父坟园树木砍伐盗卖者，照违令律治罪。奴仆盗卖者，计赃，加窃盗罪一等治罪。盗他人坟园树木者，计赃，准窃盗论。其盗卖坟茔之房屋、碑石、砖瓦、木植等项，均照此例治罪。"[1]至嘉庆、道光年间，盗卖园陵树木的规定更加具体，官府对所砍树木类型进行了区分，但刑罚仍重于旁人盗砍坟树，以凸显坟产的特殊性，维护伦理尊卑秩序。

坟墓是安置遗体的地方，破坏坟墓是极其严重的犯罪行为，清律设有"发冢罪"对此进行细致而严厉的规范。清律中发冢条文分为七节，首节为凡人发冢之罪，第二节亲属发冢之罪，第三、四节为毁弃他人及亲属死尸之罪，第五、六、七节皆因发冢毁弃之事而附言之，相关规定极细。凡发掘未见棺椁者，"杖一百，徒三年"，[2]"发掘他人坟冢，见棺椁者，杖一百，流三千里；已开棺椁见尸者，绞监候"。[3]沈之奇曾解释"开动曰发，穿地曰掘，二字亦有深浅之别……律文精密如此"。[4]发冢罪中卑幼于尊长从重论处，尊长于卑幼则自缌麻起递减。道光十年（1830）编纂条例，加重子孙发掘祖父母、父母坟墓之刑罚，"凡子孙发掘祖父母父母坟墓，均不分首从，已行未见棺椁者，皆绞立决；见棺椁者，皆斩立决；开棺见尸并毁弃尸体者，皆凌迟处死"。[5] 发

---

[1] 郭成伟主编、吴坤修等编撰《大清律例根原》第2卷，上海辞书出版社，2012，第869页。
[2] 《中华传世法典·大清律例》，田涛、郑秦点校，法律出版社，1999，第571页。
[3] 《中华传世法典·大清律例》，田涛、郑秦点校，法律出版社，1999，第571页。
[4] （清）沈之奇注、洪弘绪重订《续修四库全书》，上海古籍出版社，2002，第522页。
[5] 山阴姚雨芍原纂、会稽胡仰山增辑《大清律例刑案新纂集成》，刑部说贴、刑部汇览附刊，同治十年新镌，第39页。

冢罪的构成不区分主观意图，无心所致也可构成本罪。清律基于民间依礼迁葬以寻吉壤的习俗，规定依礼迁葬发掘坟墓者不坐，子孙损毁尊长尸体者则不论其意图，照律处以斩刑。于他人坟墓内用火烧烟熏狐狸本无意动伤葬者，若烧及棺椁或尸，"则在熏狐狸者虽无发掘毁弃之情，而在死者已受发掘毁弃之祸"，① 凡人与有服属者均构成此罪。若子孙于祖父母、父母及奴婢、雇工人于家长坟墓处熏狐狸者，俱熏狐狸者即构成本罪，烧及其尸则绞。子孙本应敬谨保守祖先坟墓，"贪取野兽，致有熏烧，不孝不敬，罪莫大焉"，② 故立法更为严厉。

清末修律，法分刑民，"《大清新刑律》系参酌各国刑法，折衷历朝旧制而成；而《民法草案》则纯仿德国编制法"，③ 初步建立民刑分立的法律体系。为求"中外通行，有裨治理"，④ 1907年修订法律馆上奏的第一案《刑律草案》移植德、日法典，遵循德、日丧葬文化，⑤ 将发冢罪改为"关于祀典及坟墓罪"，从而逐渐改变了清律发冢所蕴含的特有礼教伦理的观念。立法者认为，

---

① 山阴姚雨芗原纂、会稽胡仰山增辑《大清律例刑案新纂集成》，刑部说贴、刑部汇览附刊，同治十年新镌，第31页。
② 山阴姚雨芗原纂、会稽胡仰山增辑《大清律例刑案新纂集成》，刑部说贴、刑部汇览附刊，同治十年新镌，第32页。
③ 杨幼炯：《近代中国立法史》，范忠信、范晓东等校勘，中国政法大学出版社，2012，第41页。
④ 高汉成编《〈大清新刑律〉立法资料汇编》，社会科学文献出版社，2013，第3页。
⑤ "传统中国对坟墓、尸体的保护，往往根据墓主、尸主生前政治、社会、家庭的身份与地位，确定侵害者的定罪量刑，以体现礼教'亲亲、尊尊'的原则。日、德两国，则如前所述，丧葬文化与佛教、神道教、基督教等宗教有密不可分的关系。"参见刘鄂《依违于礼教与宗教之间——〈钦定大清刑律〉"发掘坟墓罪"研究》，《清华法学》2014年第6期。

"发冢之罪自唐迄明本重，今益严厉"①，有违保卫人权的立宪要旨，因而大幅度减轻发冢刑罚，《刑律草案》中"关于祀典及坟墓罪"已无死刑条款。《刑律草案》分咨内外衙门予以签注后，"关于祀典及坟墓罪"律文遭到学部与诸多督抚的反对，督察院签注强调："子孙之发掘祖父母、父母坟墓，亦仅处以徒刑，则名教纲常扫地矣！"② 在签注与上谕的压力下，《刑律草案》被迫修正，"关于祀典及坟墓罪"加重刑罚，突破无死刑限定，增设附则五条（《暂行章程》），规定中国人触犯发冢之类犯罪适用旧律办法（现行刑律），后劳乃宣与沈家本达成不再另辑附则的妥协，但旧立法文本附则一直附于新刑律后。③ 最终颁行的《大清新刑律》将发冢罪定为"亵渎祀典及发掘坟墓罪"，保留死刑。此时的发冢罪变革虽未能与各国通例保持一致，但已简化相关规定，将亲属限制在祖父母、父母与外祖父母范围内，④ 突破传统的亲亲、尊尊原则的限制，改变发冢律维护礼教伦理的立法理念，为民国立法进一步转变奠定了基础。

《大清新刑律》正式颁行前，修订法律馆对原有《大清律例》进行删改后形成的过渡性法律《大清现行刑律》则采用传统律例合编的体例，改旧律中的笞、杖刑为罚金，保留清律中盗卖坟

---

① 郑静渠、郭羹尧编《中华民国新刑法判解汇编》第二册（分则上），大东书局，1936，第241页。
② 高汉成编《〈大清新刑律〉立法资料汇编》，社会科学文献出版社，2013，第208页。
③ 参见刘鄂《依违于礼教与宗教之间——〈钦定大清刑律〉"发掘坟墓罪"研究》，《清华法学》2014年第6期。
④ "《钦定大清刑律》第八十二条：称尊亲属者，谓左列各人：一、祖父母，高、曾同。二、父母。妻于夫之尊亲属与夫同。"参见赵秉志、陈志军编《中国近代刑法立法文献汇编》，法律出版社，2016，第222页。

产、坟产证据程序、盗园陵树木与发冢规定。盗卖田产的刑罚相应减轻,子孙盗卖坟产也不再从重论处。"若子孙将公共祖坟山地朦胧投献王府及内外官豪势要之家,私捏文契典卖者,投献之人依律问拟"①。盗园陵树木罪减轻刑罚,②帝王与凡人分别科刑。子孙盗祖父坟茔树木刑罚虽较凡人加重,但增加"如平日并无不肖行为,实系迫于贫难别有正大需用,于坟茔并无妨碍,人所共知者,不用此例"③规定。发冢罪则保留清律规定,以重刑规制。

民事方面,《大清民律草案》分为五编,总则、债权、物权、亲属与继承编,"前三编全以德、日、瑞三国之民法为模范,偏于新学理,于我国旧有习惯,未加参酌",④后两编也未专门规定坟产权益。《大清民律草案》未及颁行清廷即告覆灭。

民国肇始,《大清现行刑律》中"除关于刑罚部分,因另颁刑罚而失效外,其中民事部分与国礼无抵触者,仍认为有效"。⑤至此,民事法律保留了盗卖坟产与坟产诉讼程序规定,但"其制裁部分,如民事各款之处罚规定(例如'处某等罚'、'罪亦如之'等语),亦仅不能拟以处罚,关于处罚行为之效力,仍应适

---

① 吉同钧纂辑《大清现行刑律讲义》,闫晓君整理,知识产权出版社,2017,第94页。
② "盗他人坟茔内树木者,(首)工作六个月(从减一等)。"参见吉同钧纂辑《大清现行刑律讲义》,闫晓君整理,知识产权出版社,2017,第225页。
③ 吉同钧纂辑《大清现行刑律讲义》,闫晓君整理,知识产权出版社,2017,第226页。
④ 杨幼炯:《近代中国立法史》,范忠信、范晓东等校勘,中国政法大学出版社,2012,第48页。
⑤ 胡毓杰:《民法概论》,京城印书局,1941,第68页。

用，以断定其为无效或得撤销"，① 盗卖坟产与盗卖田产性质已无差异，同属民事无效行为。刑事方面则于民国元年（1912）颁行《暂行新刑律》，《暂行新刑律》删除盗卖园陵树木罪，列有专章规定"亵渎祀典及毁掘坟墓罪"，但该罪立法理念已发生转变，条文简化，刑罚大幅度降低，时有学者陈承泽释义本罪："发掘毁尸体之罪，旧律之罚甚重，其系对于尊亲属之犯罪者至于死刑，本律处刑远轻于旧律。"② 同时，不同于清律对"子孙毁弃祖父母、父母及奴婢、雇工人毁弃家长死尸者，不论残失与否，斩监候"③的绝对性规定，行为人的主观故意正式被纳为该罪的构成条件。

民初大理院的判决例和解释例与《暂行新刑律》一致，以罪刑等价主义取代以身份为基础的罪刑差别主义，采用行为与意思相统一原则，将主观意图纳入定罪量刑的构成要素。民国4年（1915）上字一八五号判例规定发掘坟墓罪要件应含主观目的：

> 查暂行新刑律第二百六十条规定发掘坟墓罪，原不必以损坏遗弃盗取尸体或遗骨等为目的，即单纯之发掘行为，亦应成立本罪。然本罪立法之本旨，原为保护社会重视坟墓之习惯而设，故其犯罪之成立，应以是否违背法律上保护之本旨为断。苟于法律上保护之本旨，并无不合，则虽实施该条

---

① 大理院8年上字第八三二号判例，载沈尔乔、熊飞等编辑，陈颐点校《"〈现行律〉民事有效部分"集解四种》，法律出版社，2016，第525页。
② 陈承泽：《中华民国暂行刑律释义（分则）》，商务印书馆，1913，第113页。
③ 《中华传世法典·大清律例》，田涛、郑秦点校，法律出版社，1999，第409页。

法定要件之行为，亦不应成立本罪。①

大理院判决统字第一一八三号再次规定毁损尊亲属尸体罪应考量主观目的。浙江高等审判厅因针对迁葬而毁尊亲属尸体与原棺并将尸体乱投瓮中的行为应如何治罪，向大理院请求解释：

> （甲说）查前清律例，凡毁掘祖父母坟墓者，无论为迁葬为盗掘，均应分别治罪。即照《刑律》而论，某甲惑于风水掘坟，竟敢毁棺检骨，乱投瓮（瓮）中，按之旧律，固应治罪，按之新律，损坏尊亲属尸体，亦应治罪；（乙说）犯罪以有无恶意为标准。今某甲虽有发掘之事实，原其心迹亦不过意图迁葬，与无故发掘者不同，应不为罪。究以何说为是？此应请求解释者三也。②

针对此问题，大理院解释道："犯罪以有犯罪故意为要件，发掘尊亲属坟墓，并有毁坏遗弃尸体之故意者，自应按律处断。若系惑于风水，意图迁葬，因不注意碎棺毁尸，尚难论罪。"③ 即对于非有意的碎棺毁尸不以犯罪论处。

南京国民政府成立以后，六法体系日益完善，《中华民国民法》采德国、瑞典等国民法例，"窥其内容，类多因袭德瑞，商

---

① 大理院上字一八五号判例，载郑静渠、郭夑尧编《中华民国新刑法判解汇编》第二册（分则上），大东书局，1936，第237页。
② 大理院判决统字第一一八三号，载郭卫编著《民国大理院解释例全文》，吴宏耀、郭恒编校，中国政法大学出版社，2014，第916页。
③ 大理院判决统字第一一八三号，载郭卫编著《民国大理院解释例全文》，吴宏耀、郭恒编校，中国政法大学出版社，2014，第916页。

事部分兼采英美，固有法制，几无一存"，① 不再专设坟产条款，将坟产权益归入债权与物权编以共有形式予以规制，彻底删除传统律例对坟产、坟木的特殊规定。《中华民国刑法》将《暂行新刑律》"亵渎祀典及毁掘坟墓罪"改为"亵渎祀典及侵害坟墓尸体罪"，继承大理院判例中行为与意思相统一原则，进一步减轻该罪刑罚，将最高刑由死刑降为无期徒刑。至此，清律对坟产精神性权益的特殊保护在民国法律体系中逐渐减弱，民刑分立后的民国法律逐渐实现了坟产从特殊客体向一般财产客体的"去精神化"的转变。清民时期坟产权益法律规范变迁情况如表 8-1 所示。

表 8-1　坟产权益法律规范变迁（清至民国）

坟产权益	清律	清末修律时期	民国临时政府、北洋政府时期	南京国民政府时期
坟产地权	重刑保护，遵循亲亲、尊尊原则，卑幼尊长分别科刑，卑幼盗卖坟产可被发边远充军，刑罚重于旁人，增设程序性特殊规定	《大清现行刑律》保留此罪，降低刑罚，删除卑幼尊长不同刑的规定；《大清新刑律》删除此罪项，纳入财产权规制	《大清现行刑律》民事部分无抵触国礼者有效，坟产地权转为民事财产权保护，刑罚规定无效	无专门条款，归入债权与物权编以共有形式予以规制，不再确认其精神权益

① 丘汉平：《中国法律学生应研究罗马法之理由》，转引自梁展欣《民法史的观察》，人民法院出版社，2017，第 416 页。

续表

坟产权益	清律	清末修律时期	民国临时政府、北洋政府时期	南京国民政府时期
坟园树木	重刑保护，遵循亲亲、尊尊原则，卑幼尊长分别科刑，卑幼刑罚重于旁人	《大清现行刑律》保留此罪，降低刑罚；《大清新刑律》删除此罪项，纳入财产权规制	与上同，坟园树木转为民事财产权保护	与上同，无专门条款，归入债权与物权编以共有形式予以规制，不再确认其精神权益
坟墓	发冢罪，因宗法理念而规定细致且严厉，刑罚极重，规定精密，凡人发掘最高可绞，卑幼尊长分别科刑，卑幼科刑重于凡人，最高可凌迟；犯罪构成不考虑犯罪意思，仅在依礼迁葬且不损毁尸体前提下可不论罪	《大清现行刑律》保留清律规定，重刑规制；《大清新刑律》改发冢罪为"亵渎祀典及发掘坟墓罪"，遵循德、日丧葬文化，改变清律发冢礼教伦理的立法理念，将尊亲属范围缩小至祖父母、父母与外祖父母范围内，降低刑罚	《暂行新刑律》继承《大清新刑律》规定，改此罪为"亵渎祀典及毁掘坟墓罪"，转变清律立法理念，简化条文，缩小尊亲属范围，删除尊卑不同刑规定，刑罚大幅度降低，主观故意为犯罪构成要素	《中华民国新刑法》改发冢罪为"亵渎祀典及侵害坟墓尸体罪"，继承大理院行为与意思相统一原则，进一步减轻刑罚，删除死刑

二 坟产纠纷中的精神性诉求

正如滋贺秀三所揭示的，"对于中国人来说，坟墓是具有极为重要意义的存在"，"明显象征着视祖先和子孙为一个'气'之展开的中国人的世界观的就是坟墓"。①"一气说"是指祖先与子孙之间共有一个气脉,虽世代相隔,但气脉相通,仍是一个整体。作为祖先与子孙气脉的连接之物,坟茔所具有的这一超越土地的精神性象征,不仅是传统法律予以特殊保护的内容,也是基层民众内心认同的乡土观念。民国法典中坟产的精神性内容虽逐渐消除,但传统观念在民众生活中仍然存续。通过观察民国荣县坟产案件中的民众诉求可以发现,② 包括风水诉求等在内的精神性诉求案件仍为坟产案件的主要部分。在较为完整的 52 件坟产纠纷中,民众提出的纯物质性诉求即产权诉求仅占 36.5%,其他大部分为含精神性的诉求或纯精神性的诉求(见表 8-2)。

表 8-2 民国荣县坟产案件中的民众诉求

	纯物质性诉求	纯精神性诉求	含精神性诉求	总数
数量(件)	19	5	28	52
比例(%)	36.5	63.5		100

荣县坟产案件中,精神性诉求多源于传统文化中坟产所蕴含的风水观念和宗法习俗。在李成光诉蒋惠廷案中,因坟界争议,被告蒋惠廷在原告祖坟尾及古坟脚毗连之处掘出一井,致使原告李成光祖坟棺木露出,原告向县府呈诉并被批复由联保处调解。联保处承认此地为原告祖坟所在处,却不问被告损毁坟墓行为,而以被告所掘之井为界重新划分坟界。调解之后,被告又在坟界

---

① 〔日〕滋贺秀三:《中国家族法原理》,张建国、李力译,法律出版社,2003,第 304 页。
② 民国时期荣县档案共有案卷 32896 卷,其中司法档案案卷数量最多,占档案总数的 57%。荣县司法档案较为全面地展现了民国时期四川内陆乡土社会的纠纷及其解决。档案现藏于四川省荣县档案馆。

外挖坑打石，这在当地风俗习惯中是有伤风水的。原告再次提起诉讼，并于起诉时称道：

> 殊伊仗势殷富，一再欺人，复于民之祖坟后界挖坑打石，损伤龙脉。以地方习惯毁损脉气，有关风水大有损伤之故意。……民略知旧例，不谙新律，如以上情形不识有干法禁否，恳请指示祗遵，如不合法，即恳钧府传讯究，不胜感戴之至，谨呈。①

传统观念中，风水影响家运与后代的发展，原告李成光无法接受"龙脉"被毁一事，故而提诉。类似的还有习元三诉刘坤隆案，该案中两造之间为坟地买卖关系，原告购买坟地后便将其母亲安葬于该处。后因被告提出新的酬劳请求为原告所拒绝，被告便对该买卖提出异议，并在被告坟界内坟尾离坟二尺处挖出长三尺、深四五尺的深坑，将小便倾倒其中，浸淹棺椁。原告请求勘察并提起诉讼，在诉状中提出：

> 坤隆弟兄母子卖业价格收清，坟茔数年均无异议，今以贫乏，编方串同掯索，胆将民等祖坟侵挖伤害，其与坟冢开棺者有何所异，反更凶恶，抗藐实已有意作为，触犯刑章。人孰无良，睹斯惨状，心何与甘，迫恳拘传坤江坤海，提同坤隆列案，验民契约，与联保转呈处理，经过讯明惩办，以维祖冢，而保业权，生死咸沾德泽矣，谨呈。②

---

① 《李成光诉蒋惠廷案》，档案号：9-006-224，民国荣县档案。
② 《习元三诉刘坤隆案》，档案号：9-005-115，民国荣县档案。

法院判决中司法官通过买卖契约肯定原告之诉，认定被告以小便浸棺之用意，并令其将坑填平恢复原状。在中国传统文化中，于坟茔周围挖掘粪坑会玷污坟茔的风水，影响逝者的安宁与家族的稳定，所以本案中的被告虽未损毁坟墓本身，不至于有财产权的损害，但因其行为破坏坟茔风水，故而引发讼争。

坟茔风水的认知深入人心，以至于民众会将后世的生老病死与其联系，形成法律上的诉讼请求。在李张一诚诉李张氏案中，因产权冲突，李张氏偷偷将李张一诚先夫坟头毁伤，并在其上栽满树木。其后原告九岁孙子突然去世，李张一诚坚信这是李张氏破坏坟产风水所导致的：

> 不意张氏哭于阴九月将先夫坟墓毁伤无余，遍栽树木，俾氏得知，即凭甲邻及伊佃等从场验明，竟殃及氏九岁孙登时犯死，惨不可言。窃张氏不阻氏于未葬之先，显系用心险恶，计不遵祠处断理，应具情申诉，自有法庭公判，乃时逾数月，竟敢悖伦灭亲，毁伤坟头种树……①

本案两造为同一家族成员，本应和睦相处，但因家族内部产权争执而发生上述纠纷。在李张一诚看来，同族成员李张氏不遵祠堂命令，毁损其夫坟产风水，本已是"悖伦灭亲"的行为，更为严重的是被告毁损风水行为导致其孙子离世，这使被告的行为在原告看来更加险恶。

除上述情形外，还存在将风水视作财产隐性利益一并提起诉讼的案件。在刘光椿等诉刘光清等案中，两造为同一家族成员，

---

① 《李张一诚诉李张氏案》，档案号：9-7-142，民国荣县档案。

因长、四、五房后裔先后死亡，原告心生不安，请回地师勘察后称"曾祖所藏地点，大受风煞，如不迁葬吉穴，不独长四五各房之后裔受其煞害，二三两房之后均不免受其煞苦"，故原告立即于清明会所有双石桥业内"选得佳城一穴"，预备迁葬其祖。出乎意料的是，被告先一步将其祖墓迁葬于此，两造基于风水之说均不愿让出此地，从而引发诉讼。①

单纯地损毁坟茔不仅侵害被害者的财产权，也会令当事人承受伦理道德拷问的精神压力。中国传统观念认为，坟茔的完整是先祖安稳的前提，打理、保护先祖坟茔不受侵害是孝道对为人子者的基本要求，祖茔遭他人损毁是后代尽孝的不足。刘仁恕、刘廷顺等诉刘相廷、刘仁金案中不存在实际的侵害行为，原告刘仁恕等基于害怕被告未来可能毁损祖茔的行为提起诉讼。民国23年（1934），政府通令所有坟茔空地一律开辟，原被告家族召开亲族会议，决定开放过去禁葬的猫儿山祖茔隙地，开土招佃。刘仁钰将其父安葬于此处，刘相廷挖毁坟茔，刘仁钰因此提起诉讼希望刘相廷得到严惩，但此案进行并不顺利，双方多年诉讼不休。②诉讼过程中，原告因故将其祖父与刘廷顺曾祖迁葬于此，担心被告再次掘毁坟墓，到府提起诉讼，以保先祖坟茔安稳：

> 民等见廷魁坟墓被掘咸有成心，所葬两穴与廷魁系同等关系，则他日又焉得而不被掘。民见相廷等出诸外行为不得不思患预防，否则掘时再议，抑又晚矣。且坟茔非他事可

---

① 《刘光椿等诉刘光清等案》，档案号：9-5-113，民国荣县档案。
② 《刘仁钰、刘宝三等诉刘相廷、刘允中案》，档案号：9-6-191，民国荣县档案。

比，若掘后方为之计，为人子者，其心安乎？民等生活困难，焉有资财为伊缠讼，民见殷鉴不远，只得具实陈控，请予传案制止，免贻后患，用戒将来，感戴无涯矣，谨状。①

本案中原告坚信祖茔的损毁是不能弥补的，为人子者难以逃脱此责任，只能提起诉讼避免坟茔被毁所带来的严重影响。若当事人已有损毁坟产的行为，就会视作对其家人和家族十分严重的挑衅，引发更为激烈的矛盾。

类似的案件还有冯君一诉张兴荣案。该案中冯君一先辈冯仕镐与张氏本是亲属关系，因冯仕镐殁后无地安葬，嘉庆二十一年（1816）张宏任准其于此处修坟，有分约为证。冯姓于同治五年（1866）立碑，于此拜祭先祖。民国21年（1932）2月张兴荣在坟后葬葬，将冯姓祖坟坟尾损坏，并推倒墓碑，冯君一、冯介臣等人愤而提诉：

> 今年有张兴荣以其祖坟毗连之故，胆在民祖墓后占埋一穴，并将民祖墓之尾截去一截，约四尺有余，将来培垒，尚不知占去多少……只得告恩仁廉俯准讯究，以肃浇风，而维古道，实为德便，谨呈。②

从荣县司法档案的坟产案件中可以看出，虽然民国法典中坟产保护已逐渐"去精神化"，但在基层民众的认知中，坟产所象征的文化意义依然是其精神世界的重要组成部分，并在乡土社会

---

① 《刘仁恕、刘廷顺等诉刘相廷、刘仁金案》，档案号：9-10-882，民国荣县档案。
② 《冯君一诉张兴荣案》，档案号：9-3-414，民国荣县档案。

中继续发挥着敬祖收族的作用。因此，坟产案件的当事人往往会提出精神性权益诉求，而这些精神性诉求在立法中未能充分体现，所以造成民国坟产的"去精神化"法律规范不能完全反映坟产纠纷的真实全貌，不能全面体现当时社会对坟产权益的认知。

三　坟产民事案件

法律"去精神化"的立法保护与基层社会仍存有的精神诉求之间的疏离，使得在坟产纠纷诉讼过程中司法官与当事人之间存在对相关行为严重性和危害性的不同认知，这种认知的不同使各方对坟产纠纷的预期存在较大差异，进而影响着坟产纠纷的司法实践。在民事案件中，司法官的高调解期待与当事人的低调解意愿，成为坟产纠纷的主要特点。

调解作为传统中国纠纷解决的主要方法，在民国基层司法实践中占有重要地位。在荣县地方法院1939年终结的774件民事案件中，1/4的案件没有经过判决（或是没有执行判决），而是以调解或和解的方式结案，其中5月份和解或调解终结案件的占比甚至达到1/2。1940年第一审终结审理的491件民事案件中，以调解或和解的方式结案的案件共计124件，占比为1/4强，其中金钱类与土地类案件和解或调解占比均接近1/3[①]（见表8-3）。

---

① 数据来源于民国荣县档案，档案号：9-1-25、9-1-167、9-1-241、9-1-245。

表 8-3 1940 年荣县司法档案民事第一审案件分类统计

单位：件，%

诉讼客体种类	总数	判决	和解/调解	撤回	驳回	其他	判决占比	和解/调解占比
金钱	292	170	81	35	0	6	58.2	27.7
土地	24	7	7	8	0	2	29.2	29.2
建筑物	3	3	0	0	0	0	100	0
非因财产	172	116	36	6	0	14	67.4	20.9
总计	491	296	124	49	0	22	60.3	25.3

荣县地方法院审理的坟产类民事案件中，以和解或调解方式结案的比例则明显偏低，仅占 12.1%；以判决方式结案的有 18 件，占比过半；以公证等其他形式结案的有 11 件（见表 8-4）。

表 8-4 荣县司法档案坟产纠纷解决方式统计

	和解/调解	判决	其他	总数
民事案件（件）	4	18	11	33
占比（%）	12.1	54.5	33.3	100

坟产案件的审理面临当事人精神纠纷与物权争议两个难题。精神损害往往因坟产的文化属性而难以通过调解方式予以补偿，而坟产的复杂属性令其在民众生活中占有重要地位，导致民众在面对坟产纠纷时往往期待以正式的官方判决结案，更有力度地警示被告行为，保护坟产权益。但也正因为坟产诉讼的复杂性，司法官面对棘手的坟产诉讼时，往往更希望通过家族或联保主任调解，以更有效率的方式结案。

前述荣县刘光椿等诉刘光清等案中，两造经双石桥第九联保主任曹尚猷及保长王新武、调解员调解未遂，原告刘光椿始来起诉，请求严究被告刑事责任，司法官则于诉状中批道：

> 着凭族戚看明是否盗葬、有无侵占，就近秉公调处或饬迁葬息事，勿庸兴讼。①

因该案发生在刘氏家族内部，案情较为复杂，证据也不充分，司法官希望先交与该家族内部由族戚来查明具体事实，在此基础上就近秉公调处，息事宁人。但该案经过荣县第二区区属附设区民调解委员会调解无果，原告不愿继续调解，于民国26年（1937）3月再次到府提诉：

> 道澄寺联保主任万银三奉令迭次调解，卒无结果，已蒙呈复到案多日，特再恩钧府俯赐传案。②

司法官阅后批令联保主任呈复调处情形，联保主任迟迟未予呈复致使审理再次拖延。民国26年4月7日，原告刘光椿等人第三次到府提诉，称万主任对案情不了解所以无法呈复，应尽快由司法官依法审断：

> 万主任奉令调解时，因不谙本案之经过，复不悉盗葬之地点，该万主任何能将调解情形呈复来案，是以宕延至今尚未呈复。③

司法官收到联保主任所呈复调解情形，因联保主任称其对坟坝地势不详，于司法官审判无益，司法官未再传讯当事人，直到

---

① 《刘光椿等诉刘光清等案》，档案号：9-5-113，民国荣县档案。
② 《刘光椿等诉刘光清等案》，档案号：9-5-113，民国荣县档案。
③ 《刘光椿等诉刘光清等案》，档案号：9-5-113，民国荣县档案。

民国 27 年（1938）3 月，原告刘光椿等人因无法等待再次到府提诉：

> 经沐钧府传讯一次之后，本案即陷于调和之中，历时数月，毫无着落，民等乃复迭请票传已沐……迄今已达半载有余，未见出票传讯……前来恳请钧府俯念本案前后拖延年余，诚有难堪。①

最后，司法官于民国 27 年 3 月 23 日当庭宣判，以原告没有诉讼权利为由驳回原告请求。该案前前后后共经历了两次调解，第一次为保甲主持的诉前调解，第二次为审判官批准、调解委员会主持的诉中调解，两次调解均告以失败。

类似的还有赫升高诉辜荣兴案。该案中被告将其岳父郝青云安葬于原告妻墓旁，原告与郝青云为同族成员，原告称此地为原告所有，请求判处被告迁葬，恢复原状，但提约丢失已无法证明。被告辩称该坟地为祠众共同所有，经族众商议郝青云得以安葬于此，不应迁走。司法官在第一次庭审中令两造先予调解：

> 着郝升高会同郝静谨、郝建周、郝希孔、郝恒泰等于七日内两造调处，如不核到。②

被告不愿调解，坚称此地为经族众同意取得，无须再进行调解：

> 兹既成讼，当候法办，无再调解之必要，故届期被诉，族人

---

① 《刘光椿等诉刘光清等案》，档案号：9-8-789，民国荣县档案。
② 《郝升高诉辜荣兴案》，档案号：9-5-117，民国荣县档案。

均未从场，不得成立，特此呈复，恳予依法判决，用少枝节。①

民国时期，针对民事类纠纷，司法机关基于习惯与成本考量会期待当事人接受调解以息事宁人，以免累讼。民众在一般财产纠纷中往往愿意接受调解，以减轻诉讼带来的身心与经济上的压力。民国民法典虽将坟产纳入一般财产法律予以规制，但调解在此类纠纷解决中却难以发挥有效作用。对民众而言，坟产的精神意义在其生活中存在且很重要，其在面对坟产产权分歧或被侵毁等情形时无法轻易妥协，对于调解能力与效力的信任度也较低。在当事人眼中，坟产仍超出一般财产，"融入了古人的宗教观、信仰观、亲属观以及法律观"，②成为凝聚家族、维持宗法秩序的重要事物。因此，承袭传统文化观念的当事人与遵循近代西方法律体系的司法官在坟产纠纷层面产生了认知上的分歧，进而导致二者对待调解态度的巨大差异。

四　坟产刑事案件

民国刑法对发掘坟墓罪予以不确定刑罚的规制，因此司法官具有较大的自由裁量权。对荣县18件坟产刑事类案件整理可见（见表8-5），坟产案件多以轻刑判决或其他方式结讼，其中司法

---

① 《郝升高诉辜荣兴案》，档案号：9-5-117，民国荣县档案。
② 李哲：《中国传统社会坟山的法律考察——以清代为中心》，中国政法大学出版社，2017，第30页。

官依法判处刑罚的仅有 4 件，以调解、证据不足而不起诉、免诉方式予以终结的共计 12 件。在 4 件作出刑罚判决的案件中，2 件予以缓刑，1 件由最高法院减刑到有期徒刑 2 个月，1 件被认定为窃占他人不动产判处有期徒刑 6 个月。

表 8-5　荣县司法档案坟产刑事案件解决方式统计

单位：件

类别	判决	调解	不起诉	免诉	撤诉	其他	总计
数量	4	4	5	3	1	1	18

坟产刑事案件审判中，原告通常希望将被告依法科以重刑。兰绩三等诉兰如九等案中，原告兰绩三与被告兰如九为同一家族成员，但因兰如九毁损了祖先兰有诰的坟墓，原告兰绩三大为恼怒，愤而提诉，力求司法官严惩兰如九。兰绩三在诉状中慷慨陈词：

> 夫如九之祖有枢与有诰，系未出五服之亲，今被如九公然主使掘毁，何异自毁尊亲属之墓。窃违法掘墓，律有明文，制重棺盗葬，更超极刑之外……似此违悖法纪，藐视伦常，族谊全伤，人心尽丧。恳祈钧府派员破坟勘验，查遗骨是否存在，拘案严惩，存殁均沾！①

基层司法中不乏此类案件，在张杰、张柏青诉唐辉宗案中，原告张杰是荣县一介商民，其先父叔等于前清光绪初年为安葬故祖父母，契买袁家桥圆坡高山一座，作为家族祖茔，多年拜祭无异。荣县三区五宝镇一连保社训分队长唐耀宗借社训平操场之名

---

① 《兰绩三等诉兰如九等案》，档案号：9-7-545，民国荣县档案。

将张杰祖茔挖毁，砍伐坟树，张杰等听闻后赶到袁家桥时祖茔已毁，无法只得报联保主任及第三区属处理。制止唐耀宗行为后，张杰便到府提出刑事自诉状，希望依法严惩唐耀宗：

> 该地既属民有，粮税攸关，祖骸所托，该耀宗毫不通知主权人，公然率众横暴侵毁，实触刑律掘毁坟墓明条……似此率众横行，实属目无法纪，除由区属面斥不合外，因事体重大，嘱民依法告诉。兹遵具状诉恳履勘，严令将唐耀宗撤职归案，依法究惩，并饬赔偿因犯罪而生之损害，存殁俱感，控呈。①

其后因被告一直躲藏拒收传票，原告张杰再次到府提出刑事自诉状，请求通缉唐耀宗，将其捉拿归案：

> 只得声请准予通缉归案究办，用警横暴，而正风气。②

原告虽多次表明其对被告依法严惩的期待，但很难如愿以偿。荣县刘允中、刘福兴与刘仁钰等人为同一家族成员，却为多件案件的当事人，两造因祖坟禁葬而产生的纠纷到府提起多次诉讼，刘福兴等诉刘仁钰等案便是其中一件。在前述案件未完结时，原告发现禁葬地有新坟进葬此处，其二世祖尸骨也被损毁。原告认为此为被告所为，便到府提诉，希望严惩被告并将新葬二棺迁走。其后，原告又先后提出四次刑事恳状，严词批评被告行为，并多次请求司法官依法严惩：

---

① 《张杰、张柏青诉唐耀宗案》，档案号：9-8-84，民国荣县档案。
② 《张杰、张柏青诉唐耀宗案》，档案号：9-8-84，民国荣县档案。

> 查怀之小人成性,常播是非……宝三等拼命抵赖作恶,毫不顾忌法网,已犯刑章第二百五十条内所载发掘坟墓而损坏遗弃之重罪……是时分别从严法办,双方必无异词……钧座俯允依法严办,并责令赔偿因讼耗费及损失费,俾厚朴得安,凶恶有报。①

两造虽为同一家族成员,但原告恳状中的用语与严惩被告的诉求透露着其对被告的不满,挖掘坟墓行为在一定程度上恶化了二者关系。在接下来的几次恳状中,原告依然坚持严惩被告:

> 钧府作主,俯予是日定判,除饬令迁葬,以慰幽魂外,并责令赔偿因讼使费及损失费,俾作恶者知国法,无私良善者得依法以为保障。
> 钧座应予拘首恶怀之、宝三、仁钰等,依法严办。
> 钧座台前,请予立判,早分泾渭。②

原告四次恳状坚持请求司法官依法严惩被告,其重刑的期待显而易见。然司法官虽以判决支持原告饬被告将新葬棺木迁走的请求,却未对被告行为予以判刑。

检察官诉徐元兴案与上述案件类似。被告徐元兴将其父盗葬于刘姓昌家沱百年祖茔内,并掘毁告诉人刘六贤祠先祖刘启俊坟茔,刘姓族人发觉后立即请乡公所勘明,毁坟窃葬属实,乡公所责令被告取回所葬尸棺、恢复原状,被告未予履行,刘六贤祠祠首刘怀之、刘仁榜向司法处检察官提出刑事告诉状,以期检察官

---

① 《刘福兴等诉刘仁钰等案》,档案号:9-6-235,民国荣县档案。
② 《刘福兴等诉刘仁钰等案》,档案号:9-6-235,民国荣县档案。

提起公诉,严惩被告:

> 本案被告人徐元兴等,今阴八月十九夜,暗地就怀之等昌家沱祖茔内窃葬乃父金坛,系瓦罐储尸骨一棺,并已挖就横直约五尺、深二尺余之金井可查,伤及民等先辈已葬有年坟墓,惟刘启俊一棺,坟尾被掘约五尺……似此擅敢掘毁民等祖茔,意图窃葬,无可讳饰,该徐元兴弟兄,实犯上开法条罪行,而尤敢故意顽梗支吾,理合告请依法严究,并附带责令回复原状。①

在侦查阶段,被告徐元兴、徐焕章等人拒绝了龙潭乡乡公所主持的调解,并以妨害自由等词到司法处抗诉,检察官侦查进程被迫中止,后被告抗诉由司法处驳回。随后被告又提起民事诉讼以确认坟地所有权,终由司法处以判决驳回其诉,告诉人刘怀之、刘仁榜继而向检察官提起申请,希望继续侦讯,提起公诉,严加惩办:

> 该徐元兴、徐焕章等之民诉已无理由,而控诬妨害自由之刑诉又非确实,则具掘毁、意图窃占他人之不动产,实属百喙难辩,故滋讼累,种种不法,已不枉自明,理合状请继续侦讯,提起公诉,依法加重并科罪刑,用惩刁顽,借儆来兹。②

检察官侦查终结后提起公诉。与告诉人两次请求予以严究或

---

① 《检察官诉徐元兴案》,档案号:9-13-247,民国荣县档案。
② 《检察官诉徐元兴案》,档案号:9-13-247,民国荣县档案。

并科重处的严惩期待相反，司法官通过多重考量决定分别科刑并轻刑惩处，判决被告徐元兴意图不法窃占他人之不动产处罚金四百元，发掘坟墓处有期徒刑八个月、缓刑一年：

> 至挖毁告诉人等坟尾开作金井，已由乡公所具禀证明，并经本处勘明（详坟地民事经界案）有案可稽，自不能听取被告之狡辩卸除罪责。研讯既明，本应并合从重科罚，惟念乡愚无知，智识浅薄，窃犯罪动机系为迷信堪舆，酿成情节不无可原，量罪科刑，特予分别处罚以促自新。①

其后，被告不服上诉，复经四川省高等法院第六分院判决将徒刑撤销，维持罚金。民国新刑法中发掘坟墓罪量刑幅度为有期徒刑六个月以上、五年以下，该案被告挖毁原告先祖坟墓并盗葬，情形较为严重，荣县司法处以轻刑判处，四川省高等法院在此基础上删除自由刑，进一步降低刑罚。在法律弱化坟产精神的立法背景下，与原告重刑化期待相反，通过罚金惩罚降低或替代发掘坟墓罪的重刑刑罚是基层司法官处理坟产刑事纠纷的基本态度。

由此可见，诸如坟产一类的本土化特殊事物，其在传统中国社会中蕴含着宗法、风水因素，寄托着民众精神性的诉求。传统法律对其具有的不同于其他事物的精神性权益给予了特殊保护。但由于这种精神性保护在西方法律体系中缺乏完全与之对应的法律条文，所以随着西方法律引入中国，这部分事物的精神性权益就从近代化后的中国法典中消失了，坟产被纳入西方法律的一般

---

① 《检察官诉徐元兴案》，档案号：9-13-247，民国荣县档案。

财产法保护。

  与之相对应的情况是基层的坟产纠纷中，民众的诉求却仍以非物质性诉求为主，这就造成了立法规范与社会观念的脱离。在刑事案件中，受害方往往希望司法官对加害方进行严惩，而大量的案件最终都从轻处理；在民事案件中，司法官往往希望两造调解结案，而大量的案件最终都进入正式的司法程序。形成这一状态的原因是在法律近代化的进程中，基层社会民众仍秉持着对坟产的精神性权益诉求，变革后的法律对坟产保护的弱化并未一夕之间带动社会观念的转变，于是法律上的中西文化差异就转为中央立法与地方司法间的冲突，也就使得坟产案件的解决落入较为尴尬的境地。

第九章

实用型司法：再论近代中国基层民事司法的连续性

一 既有论争与问题

诚如日本著名学者岸本美绪所言,近来学界关于支撑传统中国司法的核心价值观问题已逐渐摆脱过去那种"法乎?情乎?"简单化约的二元对立分析模式,而倾向于对当时审判官员复杂抉择的心理过程进行更具体的描述和分析。[①] 她进而主张清代地方县官最主要借由"权衡"以达成社会和谐,比起参照法律的规定,官员的裁断更受"保护弱者并惩罚恶徒"这种要求所引导。[②] 她的观点同其他日本学者类似,都强调法律外的因素的作用。日本著名的中国法律史学家滋贺秀三将传统中国审判定义为"教谕式调停",[③] 他认为,"在判语中所引用的国法,大体上仅限于《大清律例》这唯一的一部法典;绝不是所有或大多数案件中都引用国法,且引用国法也未必意味着法官严格受到法律条文的拘束",[④] 因此,"所有判断都必须根据对国法的解释才能作出"这

[①] 〔日〕岸本美绪:《导言》,载邱澎生、陈熙远编《明清法律运作中的权力与文化》,(台北)联经出版事业股份有限公司,2009。

[②] 邱澎生、陈熙远编《明清法律运作中的权力与文化》,(台北)联经出版事业股份有限公司,2009,第388页。

[③] 〔日〕滋贺秀三:《清代诉讼制度之民事法源的概括性考察》,载滋贺秀三等《明清时期的民事审判与民间契约》,王亚新、梁治平编,王亚新等译,法律出版社,1998,第21页。

[④] 〔日〕滋贺秀三:《清代诉讼制度之民事法源的概括性考察》,载滋贺秀三等《明清时期的民事审判与民间契约》,王亚新、梁治平编,王亚新等译,法律出版社,1998,第25~26页。

种思想方法，从根本上是不存在的。① 其弟子寺田浩明则进一步指出，传统中国的民事审判，是以使当事人"合乎情理地解决（纷争）"为执行的目的，在情理的名义下实际进行的情形，不可能导出其解决方式的一贯性原则，故而，针对个案，具体该如何处理方合乎情理，必须在每个问题被提出的当下，由裁判者一一指出，再行论断。② 黄宗智则根据淡新、宝坻、巴县等地档案材料得出截然不同的观点。他认为，清代的民事裁判是以法律为依据的，"有大量的当事人，包括农民和普通城镇居民，为申辩和保护他们的权利而告到法庭"，而"县官们事实上是按照法律在审判案件"，③清代的纠纷"要么让庭外的社区和亲族调解解决，要么就是法官听讼断案，依法办事"。④ 国内学者对此也论述颇多。明清时期特别是清代基层民事司法的情境如何，乃至如何对这样一种司法模式进行基本的概括，所引发的争论以及对相关问题的讨论，逐渐上升到对传统中国司法文化的整体认识上来。若将张伟仁、高鸿钧等人的讨论也视作这样一种争论的扩展，⑤ 那么这场争论不仅反映出法律史学界对于中国传统司法文化乃至法

---

① 〔日〕滋贺秀三：《清代诉讼制度之民事法源的概括性考察》，载滋贺秀三等《明清时期的民事审判与民间契约》，王亚新、梁治平编，王亚新等译，法律出版社，1998，第29页。
② 〔日〕寺田浩明：《试探传统中国法之总体像》，《法制史研究》第9期，2006年6月。
③ 〔美〕黄宗智：《清代的法律、社会与文化：民法的表达与实践》，上海书店出版社，2001，第90、189页。
④ 〔美〕黄宗智：《清代的法律、社会与文化：民法的表达与实践》，上海书店出版社，2001，序言。
⑤ 张伟仁：《中国传统的司法和法学》，《现代法学》2006年第5期；高鸿钧：《无话可说与有话可说之间——评张伟仁先生的〈中国传统的司法和法学〉》，《政法论坛》2006年第5期。

文化的认识，也折射出不同学者研究此问题的不同进路和方法。但在笔者看来，这样的讨论是值得进一步探讨的。

在论证材料方面，大多数学者在讨论传统司法问题时，所援引的论据多是律例、经典文献、判牍汇编、官箴等模范材料，这些论据要么是传统法律文化中描绘的"理想图景"，要么是中央官厅希冀的"模范图景"，要么是经过当事人加工后希望流传于世的"加工图景"，却少有去发掘整理占据传统法律实践最大多数的基层司法档案所反映出来的传统中国司法的真实面貌。试想，如果有着真实的研究材料，进而在这些司法档案的基础上进行直接的讨论，而不是以"法律文化的名义"，"悬空踏虚，泛泛而谈"，[1] 我们对传统中国司法的认识可能会更加清晰，而争论也会更加有所指。苏成捷根据清代档案发现，在细事类案件审理中州县官并非完全依律而判，与黄宗智的研究相对比，就显得更具讨论的意义。[2] 不仅如此，既有的研究对传统中国基层审判者的角色定位并由此产生的对传统司法与当下司法的区别重视不够，更多的是将司法行为从其整体性职掌中抽离出来分析，从而或多或少地产生后入为主的体会。虽然在方法论上不可避免，但少有学者全面系统地从传统基层司法官的整体角色中考察其司法行

---

[1] 尤陈俊：《"新法律史"如何可能》，载黄宗智、尤陈俊主编《从诉讼档案出发：中国的法律、社会和文化》，法律出版社，2009，第503~504页。
[2] 苏成捷与黄宗智的观点不尽相同，他将基层司法一分为二，认为在类似民事审判的细事部分，审判的决定性因素是特定案件引发呈控的具体原因，在这类决定里官员为了解决实际问题表现得很有弹性与权宜性。参见苏成捷《清代县衙的卖妻案件审判：以二百七十二件巴县、南部与宝坻县案子为例证》，载邱澎生、陈熙远编《明清法律运作中的权力与文化》，（台北）联经出版事业股份有限公司，2009，第391页。

为，毕竟在"靡所不综"① 的地方治理活动中，基层州县为平息纠纷维护地方治理的"狱讼"与西方话语下以法律适用为基础的"司法"有着极大的区别，而一旦脱离这一背景来讨论传统中国的司法特点则很难"据了解而同情"地触及司法官员的实际状况。

二 近代中国司法模式的连续性

从清代到民国再到新中国长达数百年的社会变革之中，社会政治大背景发生了巨大的变化。政治变革所带来的法制变革也如疾风骤雨般进行，从传统中国的法律制度，到清末修律引入西方法律制度，再到民初共和肇始移植六法全书，各色各样的法律形态都在近代中国轮番上演。然而这样一种历史巨变到底在多大程度上影响基层社会老百姓的日常生活，到底在多大范围内影响不同民族、不同风俗、不同社会经济条件的基层司法实践，学界许多大而化之的结论似也并未能描述出一个较为清晰的形象。

在对传统中国司法争议的学术评说下，本书并非要去阐释传统中国司法模式的内涵，而是希望借助一种历史连续性的考察方式，将近代中国的基层司法作为整体性的研究对象，描述在西方法制大规模引入背景下，从晚清到民国这个时期，基层民事司法

---

① 赵尔巽：《清史稿》卷一一六《职官三》，中华书局，2003，第3357页。

第九章 | 实用型司法：再论近代中国基层民事司法的连续性

所体现出的一以贯之的特征。这种对基层司法的考察会借由清代与民国不同时期司法档案的相互印证显示出更清晰的面貌，民国时期所保留的传统司法因素也能加深我们对传统中国司法特征的理解。通过对清代与民国四川基层档案的比较，① 可以大致得到的结论是：近代中国基层民事审判中体现出来的，既不单纯是一种唯道德至上的儒家式审理，也不是简单依据国家律例进行的机械的法律适用，而是一种基于维系基层社会关系目的的"实用型"司法。

如果从清代到民国的基层司法官的民事审判中的确存在着一种历史的连续性，而这种连续性并未在根本上受到国家政治大环境的影响，传统中国司法中一些元素直到民国末年仍然存在，那么这种连续性的重点并不在于所谓"依法"或"不依法"的审判依据的一致性，也不仅仅是清代与民国在维护当事人权利方面有着一致性。② 因为判决中展现的审判依据毕竟只是案件的最终结果和官方认定，并不能以此来涵盖纠纷处理的整个过程，正如寺田浩明所说，"讨论传统中国法与审判之际，与西洋的法和审判

---

① 详情参见刘昕杰《民法典如何实现》，中国政法大学出版社，2011，第155～170页。
② 寺田浩明曾批评黄宗智的立论基础在于，清代社会已经存在着接受西洋法律制度的土壤，才使得清末民初引进西洋法成为可能。而寺田浩明自己也承认在财产法领域的实际操作方面，民国与清代有着明显的连续性，对于民事纠纷的处理只是改变了使用的概念，而实际上无多大区别。参见〔日〕寺田浩明《清代民事审判：性质及意义——日美两国学者之间的争论》，王亚新译，《北大法律评论》1998年第2期；又见〔日〕寺田浩明《关于清代听讼制度所见"自相矛盾"现象的理解——对黄宗智教授的"表达与实践"理论的评判》，载易继明主编《私法》第4辑第2卷（总第8卷），北京大学出版社，2004。

进行对比是必要而且有益的，然而，若是拘泥于'依法/不依法'这种具有局限性、表面性的现象，又将传统中国的审判求证于得以用'依法/不依法'来说明的事实，这个讨论就会显得太过狭隘了"。① 因此，探寻近代中国基层民事审判连续性的重点，应关注在纠纷解决的过程之中，司法官以何种姿态参与、以何种方式解决，以及相关当事人对这种纠纷处理的认同感源于何处的司法过程所体现出来的连续性。

要说明这个问题，首先必须重新审视地方司法官所处的场景。与中央政府的立法者和司法者的高高在上不同，地方司法官直接面对着基层的百姓，直接参与到地方社会关系之中，虽然从清代开始就有籍贯回避的规定，但地方熟人社会秩序的维系使得数年任职的地方司法官不可能完全脱离于地方社会关系，也就不可能超然于社会纠纷之外来进行法律的严格适用。除此之外，在近代中国的大部分时间里，地方司法官员的职责都不是单一的，如清代司法官的"决讼断辟，劝农赈贫，讨猾除奸，兴养立教。凡贡士、读法、养老、祀神，靡所不综"。② 民国时期新式法院设置不如预期，各地都存在形式上或实质上的行政兼理司法。地方司法官所要承担的，绝不仅仅是一个法官的职责，他需要考量的是地方社会治理背景下的纠纷如何能够尽快地解决。清代司法官对纠纷的审断实则为其地方政务的一部分，③ 民

---

① 〔日〕寺田浩明：《试探传统中国法之总体像》，《法制史研究》第9期，2006年6月。
② 赵尔巽：《清史稿》卷一一六《职官三》，中华书局，2003，第3357页。
③ 参见里赞《司法或政务：清代州县诉讼中的审断问题》，《法学研究》2009年第5期。

国基层社会地方司法官也自然没能摆脱这样一种情境。因此，在司法官所处的环境、身份和承担的职责上，近代中国的基层社会不可能出现类似于西方社会那种具有独立司法权的法官适用民事法律规则来明确界定当事人权利义务归属的民事审判模式。

不仅如此，清代和民国的司法官都面临类似的法律适用难题，清代的法律延续中国历代法典的特点，并不对属于"细事"的民事制度进行详尽的规定，而民国法律虽然有着细致的民事权利规则，但如前所述，这些规则或多或少与传统地方社会的习惯有着概念和规范上的冲突。因此，民国基层司法官至少面临着两个层面的问题：其一，如何在中西概念不对称的法律规则下，实现对西方民法概念和规则的适用；其二，如何在尚维持着熟人社会传统关系的地方社会实现西方式民法制度的定分止争。由前述可见，这两个问题的解决主要依靠的不是法律的力量，而是法律外的因素发挥着效力，如司法官对概念误用的默认、对旧有习惯的尊重、对不符合法律但得到地方社会认同的行为的放任等。在司法过程中，司法官更讲求纠纷解决的实效，即只要是有利于纠纷解决的，无论是强调调解还是运用批词，仰仗法律抑或是习惯，司法官在既有的程序规则下，在表面上维持一种貌似合法性，但在实际处理中更多地运用个人的智慧和官位的权威对纠纷进行个案处理。在这个意义上，"实用"无疑是对其司法过程的最佳解释。

三　基层地方官的全权与全责

清人谓"万事胚胎，皆由州县"；① 汪辉祖也说："自州县而上，至督抚大吏，为国家布治者，职孔庶矣。然亲民之治，实惟州县，州县而上，皆以整饬州县之治为治而已。"② 传统中国政治体制中，基层州县处于一个十分重要的位置，而县官就是国家政治权力在基层的集中表现，也似为中央和皇帝本人在基层的分身，因此在制度设计上，中央层级和地方层级有着共同的权力集中的制度设计，如果以今日权力分离理论来看，中央皇帝和地方县官都集行政和司法权于一身，统一处理地方事务，而"国家首要目标是确保社会治安的维持和国家的财政需求得以满足。只要能满足这些要求，国家就感觉并无必要去干涉地方治理的运作"。③ 因此，基层地方官往往被称作父母官，辖区百姓均是其子民，县官对百姓似同父母对孩子，自家孩子事无巨细，都在父母官的管理范围内，而父母官对子民的管理则可采取其认为的最为合理有效的手段，他人并无权干涉指责。

---

① 王又槐：《办案要略·论详案》，载《官箴书集成》第 4 卷，黄山书社，1997，第 772 页。
② 汪辉祖：《学治臆说·自序》，载《官箴书集成》第 5 卷，黄山书社，1997，第 267 页。
③ 李怀印：《传统中国的"实体治理"——以获鹿县的田赋征收为例》，载黄宗智、尤陈俊主编《从诉讼档案出发：中国的法律、社会与文化》，法律出版社，2009，第 207～208 页。

第九章 实用型司法：再论近代中国基层民事司法的连续性

一县除县官外，尚有属官、胥吏、差役和幕友等，各人因身份差异而与州县官亲疏不一，如属官位列州县之下，却并非州县任命，可谓同朝为官；胥吏和差役在衙门中人数众多且职能广泛，均不属于职官之列，全由州县任用，其虽为州县官政务实施之必需，但因其事关衙门和州县之清誉，多受州县官的严格管制；幕友及长随为州县官私人聘请，多受州县官的重视，因此在州县事务上往往发挥其他属官力所不逮的作用。宋元之后，特别是明清以来，律例并未成为地方官员的铨选考核的主要内容，"读书不读律"造成科举制度下地方官员律例知识的缺乏，而法律职业群体的主体也逐渐从"明法科"的仕途之士，转变为辅佐地方官员进行案件审理的幕友和帮助百姓呈控的讼师。许多研究业已表明，在清代社会，虽不作为朝廷的正式官员，刑名幕友在地方诉讼中仍发挥着极大的作用，他们操持着裁决具体案件的法律技艺，甚至在很多情况下替州县官拟案件判词，影响着案件的审判结果。但按照清律，如果属官受理词讼，将会被贬官，县官如果指派幕僚审理案件，自己也会被免职。① 故而非正印官对案件的处理的影响只能是制度外的，而且很大程度上取决于州县官的意志。毕竟，在清代基层政府机构的制度规则中，只有县官才能受理诉讼，即"官非正印者，不得受民词"。② 因此只有州县官才是一个地方诉讼纠纷的唯一裁决者，或者至少是唯一的官方裁

---

① 《吏部则例》卷四十二，《六部处分则例》卷四十七。对清代州县父母官审判与其人事与经费的关联性，可参见里赞《远离中心的开放——晚清州县审断自主性研究》，四川大学出版社，2008。

② 《清会典》卷五十二《刑部》，转引自刘鹏九等《清代县官制度述论》，《清史研究》1995 年第 3 期。

判者。县官还负责县衙的财政收支以及非正式官员的俸禄，县衙的开销也即是县官个人的开销，在掌握着人事和财政的基础上，县官在地方政府中当然享有说一不二的权威。瞿同祖曾形象地将清代的地方政府称为"一人政府"，① 县官的下属们只扮演着次要的角色。

在民国初年的基层政权中，1914年开始实施的县知事兼理司法及其后的各种行政兼理司法机制，实际上是传统中国知县刑名职责的延续。1917年颁行的《县司法公署组织章程》中有关审判独立的条文也因实践过程中的阻力而被修改。到1927年8月，《修正县知事兼理司法事务暂行条例》规定"县知事在承审员助理下完成司法事务"，实际上是再一次从制度上赋予了县知事对司法事务处理的绝对权力。调查法权委员会曾描述，"县知事衙门之设，由来已久，垂数百年"，"中国最大部分之讼事，仍在县知事衙门之手"。② 1936年，南京国民政府颁布《县司法组织条例》，规定在县政府内附设司法处，虽然也强调"审判官独立审判案件"，但该条例明确由县长与审判员共同掌理司法事务，县长依然控制着地方的司法审判。法令尚且如此，实际情况就更为明显。根据20世纪30年代李景汉所作的定县调查，定县承审处是1928年8月成立的：

> 承审处可以说是掌管司法的，不应当附属在现政府系统之内，可是司法还没有完全与内政分开。承审官是由县长任用的，但是多半是由高等法院委派的。就是县长任用，也得

---

① 瞿同祖：《清代地方政府》，法律出版社，2003，第334页。
② 调查法权委员会：《法权会议报告书》，《东方杂志》1927年第2号。

呈请高等法院批准委用。看起来，司法好像是独立的，但是承审官判决一件案子，自己单独盖章不行，必得通过县长，县长通过盖章以后，才能实行。虽然提倡了多少年司法独立，但是，总也未能完全实现。①

晏阳初在批评民国县政时也说："（民国）县政机构只有两种作用：一是'催科'，管人民的纳粮上税，县政府成了收税机关；二是'听讼'，为人民判案折狱，县政府成了司法机关。"② 与传统中国的州县官类似，掌理司法事务依然是县长的大权，这与民国时期社会对县长的认知和期待是息息相关的。县长作为一县之长，对地方事务有着统筹一体的管理之责，而司法审判从传统中国到民国时期，都是县长用以"惩奸除恶""定分止争"并教育百姓的重要方式。如果剥夺了县长对司法审判的控制，则"县长一方面丧失了劝惩的工具，得不到人民的父母之爱，而另一方面凡关于筹集经费增加人民负担的命令，又都要他负责去执行，于是县长变成了民间怨恨的对象。信仰日低，威信日减，行政权力不易发挥"。③

同清代一样，民国的县长仍然有着靡所不综的职责，清代乾隆时名臣陈宏谋将知县职掌罗列近30项。④ 王奇生据湖北省档案统计，民国县长的具体职责更是事无巨细，其中民政31大项，

---

① 李景汉：《定县社会概况调查》，中华平民教育促进会，1933，第81页。
② 晏阳初：《农村建设要义》，载晏阳初著、宋恩荣主编《晏阳初全集》第2卷，湖南教育出版社，1992，第49页。
③ 黄绍竑：《浙江地方政治之回顾与前瞻》，《浙江民政》第5卷第1期，1935。
④ 陈宏谋：《咨询民情土俗谕》，载贺长龄等编《清经世文编》卷十六，中华书局，1992，第506页。

财政 28 大项，建设 48 大项，教育 17 大项，卫生 27 大项，司法 21 大项，林林总总计 172 大项，每一大项中又分多少小项。① 民国内政部编订的《县长须知》中，规定县长在民政方面，要接近民众，宣传政令，防治匪患，严禁烟赌，预防灾害，办理救济，改良恶习，编查户口；在财政方面，整顿税收，清查官产，办理公债；在建设方面，保护农工，筹办工厂，维持商业，兴修水利，修筑道路。此外，还要求县长在教育、卫生、司法等方面齐头并举，不可偏废。② 故而时称"县长力量可抵一万兵"。③

这种地方权力结构的设计或运行，致使由清至民的近代中国基层社会中，一县之长成为一个地方州县的大家长，虽然国家权力影响日益加深，但在远离政治中心的基层，地方首长的权责范围却没有发生根本性的变化。

四　无讼追求与解纷的灵活性

无讼常被视为儒家理想的社会场景，孔子曾言，"听讼，吾犹人也，必也使无讼乎"，④ 但这一理想并不等同于现实，"我们的知识分子更多地倚重于儒家提供的图景，而这一图景与中国传

---

① 此处所依据的是民国湖北省政府秘书处档案，卷号 LS1 - 2214，参见王奇生《民国时期县长的群体构成和人事嬗递——以 1927 至 1949 长江流域省份为中心》，《历史研究》1999 年第 2 期。
② 蔡鸿源编《民国法规集成》（第 39 册），黄山书社，1999，第 103~144 页。
③ 《申报》1932 年 7 月 14 日。
④ 《论语·颜渊》。

统社会中朝廷与民间社会的远距离，是有密切关系的"。① 有学者已经通过整理司法档案和地方志等材料，对传统社会无讼的理想图景进行了反驳，认为事实上在帝制中国的基层社会并没有因为无讼的教化降低诉至官府的纠纷数量。徐忠明认为，尽管传统中国社会存在着"无讼与教化的社会"理想，却面临着"好讼与健讼的社会"现实。② "即使州县衙门以'息讼'为理由拒绝受理案件，也非仅仅出于道德与无讼方面的考量，更有可能是因为司法资源的匮乏，乃至司法官员的懈怠。"③

民国的许多著名地方人物依然提倡无讼，作为民国乡村建设"村本政治"④ 模范的山西省省长阎锡山，在告诫全省基层百姓的《山西省息讼会办法》中开门见山地说，"世上吃亏的事情，没有比打官司更厉害的"，所以"人民遇事自己和解，万不要轻易进衙门"。⑤ 然而从四川基层司法档案来看，纠纷讼至官府似乎已成为百姓的习惯性行为，在1935~1940年的6年间，仅民事案件便逾千件，每个月平均有14件案件，考虑到一个10万余人的县⑥还有其他刑事和行政案件，而且女性参与诉讼的案件（集中于婚

---

① 王铭铭：《"法"与民间权威》，载王铭铭《走在乡土上》，中国人民大学出版社，2009，第170页。
② 徐忠明：《明清诉讼：官方的态度与民间的策略》，《社会科学论坛》2004年第10期。
③ 徐忠明：《娱乐与讽刺：明清时期民间法律意识的另类叙事——以〈笑林广记〉为中心的考察》，《法制与社会发展》2006年第5期。
④ 柳诒徵：《中国文化史》，上海三联书店，2007，第830页。
⑤ 阎锡山：《山西省息讼会办法》，载王晓点校、陈刚总主编《民诉百年》（民国初期第1卷），中国法制出版社，2009，第177页。
⑥ 据曹树基统计1953年新繁县人口为12万左右，计入战乱后的人口增长，估计30年代为10万人左右。参见曹树基《清代中期四川分府人口——以1812年数据为中心》，《中国经济史研究》2003年第1期。

姻类）增加，无讼和息讼的儒家理想离基层司法的现实似乎更加遥远。

当然，息讼和无讼的观念在民国（乃至今天）仍得以重视，而且息讼不仅仅包括没有诉讼，更意味着一旦产生诉讼，就要尽快地结束。这表现在诉讼开始之后，司法官会在法定的诉讼程序之外，劝谕双方和解，要求亲族介入调解等以非诉讼程序终止诉讼。在司法程序进行过程中，司法官并不完全拘泥于既有规则，而是始终将司法程序看作解决实体问题的一个过程，诉讼程序本身并不具有独立的价值，其只附着于实体问题的最终解决过程。在实体问题的解决中，也并不拘泥于判决依据的问题，而是将所有的能够解决纠纷的方法都作为可以选择的手段。当然这样的应用受到了法律形式的约束，司法官并不似清代州县官那样随心所欲，但在规范性的判决书之外，细观诉状、批词、庭审记录，所有诉讼参与主体均是以纠纷解决为中心话语，极少有人正确并真心地主张适用法律。

李怀印将这种"与近代西方以合理化和法治程序为基础的正式行政体制对非正式因素和非标准做法的排斥有所不同"的治理模式称为"实体治理"，[①] 将此论述嫁接到司法模式的概括之中，从清至民的中国近代基层民事审判，也许正是在以纠纷解决为主旨而非以法律适用为目的的实用型司法模式下得以延续。

清代基层审判中的当事人诉诸天理人情，希望"青天"解决"冤抑"，州县官便以情理审判，而遇重责的案件，即以"愚民贫

[①] 李怀印：《传统中国的"实体治理"——以获鹿县的田赋征收为例》，载黄宗智、尤陈俊主编《从诉讼档案出发：中国的法律、社会与文化》，法律出版社，2009，第207~208页。

民不可遽责以圣贤之道"的理由从轻处置,秉承"不可细拘文法,当有法外之精义"。① 到民国初年,近代输入西学最力的严复还认为,通晓律法是法官和律师的事,一般"编户齐民,固不必深谙科律。使得舞文相逼,或缘法作奸,以为利己损人之事",那些"风俗敦庞之国,其民以离法甚远之故,于法律每不分明",若老百姓成了"锥刀堂争之民,其国恒难治,其民德亦必不厚也"。② 曾任民国大总统的徐世昌在《将吏法言》中言地方官不可拘泥于法令,而应尽速平息纠纷结案:

> 今制司法独立,狱讼固非知事专责。特以各省限于经费,各县审检两厅多未完全成立,知事仍多兼理。……今刑律虽新,而各处旧习亦未尽洗涤大约,狱讼办法不能尽同。重大者宜详为研鞫,疑难者宜格外矜慎。至于寻常词讼仍以旧制速讯速结为主。今制又分民事、刑事。……民事内如债务等则又往往以传证不齐彼此翻诉,延而不结,徒为奸究之利,而贻良善之害,是非良有司之明察善断不为功。总之,早结一案即民减少一分痛苦,又或有拘泥法令致讼者有所怨激,以轻事而化重案,以细故而成巨狱,此又非准酌法意、审习惯、权事理、平情以处之,毋使因结讼而生讼,又不可不知者也。……民间讼事,宜随到随讯,随讯随结,即偶失断不平,民亦不至受无期之累。③

---

① 郑端辑《政学录》卷五《奸情》,畿辅丛书本,商务印书馆,1936。
② 严复:《"民可使由之不可使知之"讲义》(1913年),载王栻主编《严复集》第2集,中华书局,1986,第326~329页。
③ 徐世昌:《将吏法言·知事三·狱讼·论狱讼》,天津徐氏静远堂1919年刊本,(台北)文海出版社1975年重印版。

他认为"官贤则讼者多,亦惟官贤则讼者少",因为"贤则求直者相踵而来,无情者闻风而去","一县之人只有此数,无情者既不敢讼,而求直者到则必讯,讯则必结,久之则讼无可讼。虽处繁剧之区,亦可鸣琴而治矣"。① 居庙堂之高的国家总统对县治尚如此评论,遑论所辖区域安居乐业的地方官员了。

五 自主的界限

审判的灵活性并非意味着县级司法官可以想当然地随意审判,准确地说,近代中国基层民事司法的灵活性仍有其界限,只是这种界限并非严格地存在于今日所谓实体法或程序法概念的律例规定之中,而更多的是法外因素作用的结果。赵娓妮博士曾形象地借用"盘之走丸"一词来描述清代州县婚姻案件的审理。② 此处不妨再将此语推用至民事司法,即虽然审判的灵活度较大,轨迹看似并无规律,却有实际存在的边沿控制着司法官审判的基本范围和走向,或者说审判的灵活性不可能完全脱离一些根本原则。

传统中国的基层司法官并没有经过严格的法律训练,科举虽

---

① 徐世昌:《将吏法言·知事三·狱讼·使无讼》,天津徐氏静远堂1919年刊本,(台北)文海出版社1975年重印版。

② 赵娓妮:《清代知县判决婚姻类案件的"从轻"取向——四川南部县档案与"官箴"的互考》,博士学位论文,四川大学,2008,第174~178页。另参见赵娓妮《晚清知县对婚姻讼案之审断——晚清四川南部县档案与〈樊山政书〉的互考》,《中国法学》2007年第6期。

曾有明法科，但重要性远远不及儒家经义，对基层官员审判能力的考察一般都包含在儒家经义的考试之中。这种背景下，注释法律条文、研究法律具体应用的律学也自然成为经学的一个部分，没能发展出类似西方法学的研究法与正义的独立学科。但也正是如此，儒家经义成为"大经大法"贯彻于官员的知识结构之中。清末变法开始的西方法律文化输入，更多地集中于学界和中央司法部门，现代法学教育机制的建立和现代法学人才的培养并未完全深入基层司法系统之中。[①] 清末修律至民国六法体系形成的五十来年，地方官知识结构并未能实现彻底的更新换代，传统治道合一的儒家政治思想仍主动或被动地存留在近代基层司法官知识结构之中。这既是传统知识结构对司法官自主性的支持，也是对其自主性的约束。传统政治文化中为政以德、德教为先都强调官员要"有所本"，修身、齐家是儒家官员实施政治抱负的前提，在彼时，圣君、贤相、清官的政治理想图景仍对每一个司法官内心深处有着或多或少的触动。如果将类似"为官一任，造福一方"的思想视为近代基层司法官作为"读书人"的政治信仰，那么这种政治信仰在更高层次指导着司法官的政治活动和纠纷解决，自主的民事审断也自然不得逾越由"天理""国法""人情"共同构成的听讼的基本依据。司法官虽不一定在制定法范围内处理纠纷，却不能超出情理的范围，一旦逾矩，其面对的不光是官僚制结构下上级对其的评价，更重要的是可能失去地方社会的支

[①] 关于清末民国的法学教育情况，可参见王健《中国近代的法律教育》，中国政法大学出版社，2001；一个地方性描述参见里赞、刘昕杰《四川法政学校——中国近代法学专门教育的地方实践（1906～1926）》，《华东政法大学学报》2009年第1期。

持，而这一支持是基层司法官能够实现其地方治理的基础。如果地方社会对其纠纷解决的方式和结果不认同，就必然影响其官誉官威，从而对其地方治理产生负面影响。

六　实用型司法

综上，所谓近代中国基层民事司法的"实用型"，源于传统中国基层官僚型司法官的职责和处境，其以地方官员的全能型权力为基础，以最有效的纠纷解决为目标，以不违背官僚职责和道德操守为限。远离国家政治权力中心的基层政府有效地维持着地方社会关系的运行和恢复熟人社会的人际关系。在近代中国的地方基层司法中，这种围绕纠纷解决而非法律适用的实用型司法模式可能才是从清到民甚至到当下的中国基层一以贯之的司法核心。

我们常言的司法，所司之法为何，确乎受限于时间和空间的不同。近代中国（在一定程度上也可指整个帝制中国）司法之法，远不止于国家成文法律，广而言之，是纠纷解决之法。但凡儒家经典、成文律例、风俗习惯、人情世故，只要有利于纠纷的尽快解决，都是基层司法官运用的对象。而这种司法模式和运行方式，远不是格式化的几页判决书或是官方发布的标准司法模本可以完全展现的。这种司法呈现于从纠纷开始直至纠纷结束的整个过程而不受限于法定的程序。司法官的作用，也不仅体现在判决的文字表面，更体现于整个纠纷的解决过程之中。没有概括的

第九章　实用型司法：再论近代中国基层民事司法的连续性

描述，就无法认知中国法律文化的整体特征；而没有细致的描述，也就无法探寻中国司法文化和法律文化的多元面貌。因此，近代法律史的研究，尤其是基于司法档案的研究，一方面可以发掘一些近代法律转型的细节或者地方性片段，另一方面也可以借由这些片段去描绘抑或是想象一个更为合理的近代法律文化转型的整体性图景，从而进一步推进中国法律史研究的细致化和连续性。细致化意味着我们的研究对象应当进一步面向基层，面向法律实践的具体形态，运用的研究素材也应当进一步拓展，进一步贴近法律实践的真实面貌。连续性要求我们能够在浩繁的个体研究中寻求法律文化的一些核心价值，这些核心价值支撑着中国近代法律文化在急剧的社会变迁中不至于基因突变，维系基层社会在渐进性变革中的稳定性。当然，细致化不意味着"无所指"地简单还原历史细节，连续性也不是忽略各时代的特殊意义。中国法律史特别是近代法律史给予我们的，不仅仅是一种法律文化的历史溯源，更是理解当下中国的必要背景。就基层民事司法的社会结构和权力设计来看，近代以来的情况并未随着数次革命与改革而发生根本性的改变，而这样一种实用型的司法取向，也在可预见的未来主导着基层民事司法，承认这样一种历史的现实，才能够让我们更清晰地去认识、理解乃至改变作为历史与当下中国真实面貌的以纠纷解决而非法律适用为核心的基层民事司法。

主要参考文献

（以首字音序排列）

档案资料

民国新繁县司法档案，现藏于四川省成都市新都区档案馆。

民国璧山县司法档案，现藏于四川大学中国西南文献研究中心。

民国邻水县司法档案，现藏于四川大学中国西南文献研究中心。

民国南溪县司法档案，现藏于四川大学中国西南文献研究中心。

民国荣县司法档案，现藏于四川省自贡市荣县档案馆。

南部县衙清全宗档案，现藏于四川省南充市档案馆。

律典史料

薄铸、吴学鹏编《最高法院裁判要旨汇编》，上海律师公会，1940。

蔡墩铭主编《民法　立法理由·判解决议·实务问题·令函释示汇编》，（台北）五南图书出版公司，1997。

蔡鸿源编《民国法规集成》，黄山书社，1999。

陈卫佐译《德国民法典》，法律出版社，2006。

郭卫编《大理院解释例全文》，上海法学编译社、会文堂新记书局，1931。

部卫编《大理院判决例全书》，上海法学编译社、会文堂新记书局，1931。

立法院编译处编《中华民国法规汇编》，中华书局，1934。

立法院秘书处：《立法专刊》第1～11辑，1929～1935年印行。

司法院参事处：《司法院解释会编》，南京印刷所，1937。

田涛、郑秦点校《大清律例》，法律出版社，1998。

吴经熊校勘《六法全书》，会文堂新记书局，1935。

杨立新点校《大清民律草案·民国民律草案》，吉林人民出版社，2002。

俞钟骆、吴学鹏：《国民政府统一解释法令汇编》，上海律师公会，1932。

《中华民国法规大全》第1册，商务印书馆，1936。

中文著作

〔美〕白凯：《中国的妇女与财产：960—1949》，上海书店出版社，2007。

蔡枢衡：《中国法律之批判》，（台北）正中书局，1942。

陈顾远：《中国法制史概要》，（台北）三民书局，1964。

戴炎辉：《中国法制史概要》，（台北）联合书局印行，1950。

邓健鹏：《财产权利的贫困》，法律出版社，2006。

高道蕴、高鸿钧编《美国学者论中国法律传统》，清华大学出版社，2004。

郭松义、定宜庄：《清代民间婚书研究》，人民出版社，2005。

胡长清：《民法总论》，中国政法大学出版社，1997。

胡长清：《中国民法总论》，中国政法大学出版社，1997。

〔美〕黄宗智：《法典、习俗与司法实践：清代与民国的比较》，上海书店出版社，2007。

〔美〕黄宗智：《过去和现在：中国民事法律实践的探索》，法律出版社，2009。

〔美〕黄宗智：《清代的法律、社会与文化：民法的表达与实践》，上海书店出版社，2001。

李德英：《国家法令与民间习惯：民国时期成都平原租佃制度新探》，中国社会科学出版社，2006。

李倩：《民国时期契约制度研究》，北京大学出版社，2005。

李卫东：《民初民法中的民事习惯与习惯法》，中国社会科学出版社，2005。

李显冬：《从〈大清律例〉到〈民国民法典〉的转型》，中国人民公安大学出版社，2003。

里赞、刘昕杰等：《民国基层社会纠纷及其裁断》，四川大学出版社，2009。

里赞：《晚清州县诉讼中的审断问题》，法律出版社，2010。

里赞：《远离中心的开放：晚清州县审断自主性研究》，四川大学出版社，2008。

梁治平：《清代习惯法：社会与国家》，中国政法大学出版社，1996。

梁治平：《在边缘处思考》，法律出版社，2010。

柳立言主编《传统中国法律的理念与实践》，（台北）"中研院"历史语言研究所，2008。

罗志田：《权势转移：近代中国的思想、社会与学术》，湖北人民出版社，1999。

苗鸣宇编著《民事习惯与民法典的互动》，中国人民公安大学出版社，2008。

潘维和：《中国民事法史》，（台北）汉林出版社，1982。

邱澎生、陈熙远主编《明清法律运作中的权力与文化》，（台北）联经出版事业股份有限公司，2009。

萨维尼：《论立法与法学的当代使命》，许章润译，中国法制出版社，2001。

邵义：《民律释义》，北京大学出版社，2008（重印）。

史尚宽：《物权法论》，中国政法大学出版社，2000。

寺田浩明主编《中国法制史考证》第4卷，中国社会科学出版社，2003。

眭鸿明：《清末民初民商事习惯调查之研究》，法律出版社，2005。

王新宇：《民国时期婚姻法近代化研究》，中国法制出版社，2006。

谢振民编著《中华民国立法史》，中国政法大学出版社，2000。

刘俊文主编《日本学者研究中国史论著选译》第8卷，中华书局，1992。

叶孝信：《中国民法史》，上海人民出版社，1993。

俞江：《近代中国民法学中的私权理论》，北京大学出版社，2003。

张晋藩：《清代民法综论》，中国政法大学出版社，1998。

张晋藩：《中国法律的传统与近代转型》，法律出版社，1997。

张仁善：《法律社会史的视野》，法律出版社，2007。

张生：《民国初期民法的近代化》，中国政法大学出版社，2002。

张生:《中国近代民法法典化研究》,中国政法大学出版社,2004。

张仲礼:《中国绅士——关于其在19世纪中国社会中作用的研究》,李荣昌译,上海社会科学院出版社,1991。

郑秦:《清代法律制度研究》,中国政法大学出版社,2000。

周伯峰:《民国初年"契约自由"概念的诞生——以大理院的言说实践为中心》,北京大学出版社,2006。

朱勇主编《中国法制通史》第9卷,法律出版社,1999。

〔日〕滋贺秀三等:《明清时期的民事审判与民间契约》,王亚新、梁治平编,王亚新等译,法律出版社,1998。

期(集)刊论文

柴荣:《论民国时期的民法思想》,《河北学刊》2007年第1期。

〔美〕黄宗智:《中国法律的现代性》,《清华法学》第10辑,清华大学出版社,2007。

〔美〕黄宗智:《中国法庭调解的过去和现在》,《清华法学》第10辑,清华大学出版社,2007。

〔美〕黄宗智:《中国民事判决的过去和现在》,《清华法学》第10辑,清华大学出版社,2007。

江琳:《〈中华民国民法〉中的民事习惯——以物权编为考察中心》,《中国政法大学学报》2008年第3期。

李贵连、俞江:《清末民初的县衙审判——以江苏省句容县为例》,《华东政法学院学报》2007年第2期。

李秀清:《20世纪前期民法新潮流与〈中华民国民法〉》,《政法论坛》2002年第1期。

里赞:《"变法"之中的"法变":试论清末法律变革的思想论争》,《中外法学》2001 年第 5 期。

里赞:《司法或政务:清代州县诉讼中的审断问题》,《法学研究》2009 年第 5 期。

里赞:《清代州县审断中的灵活性:以清代南部县档案中批词为例》,《现代法学》2009 年第 6 期。

梁治平:《"礼法"还是"法律"?》,《读书》1986 年第 9 期。

刘昕杰:《引"情"入法:清代州县诉讼中习惯如何影响审断》,《山东大学学报》(哲学社会科学版)2009 年第 1 期。

刘昕杰:《政治选择与实践回应:民国县级行政兼理司法制度述评》,《西南民族大学学报》2009 年第 4 期。

刘昕杰:《"中国法的历史"还是"西方法在中国的历史":中国法律史研究的再思考》,《社会科学研究》2009 年第 4 期。

刘云生:《永佃权之历史解读与现实表达》,《法商研究》2006 年第 1 期。

吕利、曹云飞:《民国时期上海地区的合会——(1918~1948)法制史的角度》,《枣庄学院学报》2007 年第 6 期。

罗志田:《见之于行事:中国近代史研究的可能走向——兼及史料、理论与表述》,《历史研究》2002 年第 1 期。

罗志田:《民国史研究的"倒放电影"倾向》,《社会科学研究》1999 年第 4 期。

罗志田:《中国文化体系之中的传统中国政治统治》,《战略与管理》1996 年第 3 期。

〔日〕寺田浩明:《超越民间法论》,载《民间法》第 3 卷,山东人民出版社,2004。

〔日〕寺田浩明:《关于清代听讼制度所见"自相矛盾"现象的理解——对黄宗智教授的"表达与实践"理论的批判》,载《私法》第8卷,北京大学出版社,2004。

〔日〕寺田浩明:《中国固有法秩序与西方近代法秩序》,载《民间法》第4卷,山东人民出版社,2005。

〔日〕寺田浩明:《中国清代的民事诉讼与"法之构筑"——以淡新档案的一个案例为素材》,载《私法》第6卷,北京大学出版社,2004。

王志强:《民国时期的司法与民间习惯——不同司法管辖权下民事诉讼的比较研究》,《比较法研究》2000年第4期。

王志强:《试析晚清至民初房地交易契约的概念——民事习惯地区性差异的初步研究》,《北大法律评论》2001年第1辑。

王志强:《制定法在中国古代司法判决中的适用》,《法学研究》2006年第5期。

徐忠明:《明清诉讼:官方的态度与民间的策略》,《社会科学论坛》2004年第10期。

徐忠明:《清代中国司法裁判的形式化与实质化——以〈病榻梦痕录〉所载案件为中心的考察》,《政法论坛》2007年第2期。

徐忠明:《小事闹大与大事化小:解读一份清代民事调解的法庭记录》,《法制与社会发展》2004年第6期。

杨天宏:《民国时期司法职员的薪俸问题》,《四川大学学报》(哲学社会科学版)2010年第2期。

尤陈俊:《法制变革年代的诉讼话语与知识变迁——从民国时期的诉讼指导用书切入》,《政法论坛》2008年第3期。

尤陈俊:《"新法律史"如何可能——美国的中国法律史研究

新动向及其启示》，《开放时代》2008年第6期。

俞江：《继承领域内冲突格局的形成——近代中国的分家习惯与继承法移植》，《中国社会科学》2005年第5期。

俞江：《论分家习惯与家的整体性——对滋贺秀三〈中国家族法原理〉的批评》，《政法论坛》2006年第1期。

张勤：《民初的离婚诉讼和司法裁判——以奉天省宽甸县为中心》，《比较法研究》2006年第5期。

张仁善：《寻求法律与社会的平衡——论民国时期亲属法、继承法对家族制度的变革》，《中国法学》2009年第3期。

张伟仁：《中国传统的司法和法学》，《现代法学》2006年第5期。

赵娓妮：《晚清知县对婚姻讼案之审断——晚清四川南部县档案与〈樊山政书〉的互考》，《中国法学》2007年第6期。

学位论文

刘承涛：《〈民国民法·永佃权〉考》，硕士学位论文，华东政法大学，2008。

聂海琴：《论〈中华民国民法·亲属编〉》，硕士学位论文，西南政法大学，2002。

杨熠：《〈中华民国民法〉典权法律制度研究》，硕士学位论文，西南政法大学，2005。

赵虎：《民国时期民法法典化研究》，硕士学位论文，南京师范大学，2005。

外文论著

Bradly W. Reed, *Talons and Teeth: County Clerks and Runners in the Qing Dynasty*, California: Stanford University Press, 2000.

Kathryn Bernhardt, Philip C. C. Huang (eds.), *Civil Law in Qing and Republican China*, Stanford, California: Stanford University Press, 1994.

Matthew H. Sommer, *Sex, Law, and Society in Late Imperial China*, Stanford, California: Stanford University Press, 2000.

后　记

　　十年前，得谢晖教授相助，我的博士学位论文《民法典如何实现》被纳入中国政法大学"民间法文丛"出版。十年来，虽常有修订之意，但自己惰性日增，数次在大量的档案文献面前望而却步，最后在增长更快的出版费用压力下，不得不利用空闲时间，增删档案，调整结构，形成了这本小书。与原书的主要差异在于，本书以民法典实践的地方多样性为主旨，重点探寻不同的传统民事制度在民法典颁行后在基层的实践面貌，因此，删除了原书对于基层司法的研究和附录部分，新增了带有总论性质的第二章、补齐了民刑交叉的第八章。在研究材料中，除了新繁县档案外，新增了最近几年整理的荣县档案、南溪县档案、璧山县档案和邻水县档案。由于本书与原书在主旨和内容上有了较大的差异，故而改头换面以《后民法典时代的司法实践》为题。如果已看过原书的读者，只需阅览新增章节和材料即可。

　　在本书修订过程中，毛春雨、陈童、刘子璇、张昊鹏、詹悌、汪仁可等四川大学法律史专业的博士生参与了档案的整理和文字的校改。尤其是毛春雨，不仅通读了全书，还和我合作完成了第八章内容。感谢社会科学文献出版社芮素平老师，让本书能够尽快出版。

　　回想十年前的自己，坐在四川大学望江校区文理图书馆里，一页一页地查询史料,一字一字地敲打文字,虽然条件艰苦,却压抑不住追求学术的兴奋和激情。十年光阴似箭,书再版时我已是背负工作压力和生活压力的中年人,感谢家人的无私关爱和倾力支持,让我有勇气和毅力在这条道路上继续走下去。

刘昕杰
2021 年夏

图书在版编目(CIP)数据

后民法典时代的司法实践：民国四川基层诉讼中的法律与习惯：1935-1949 / 刘昕杰著 . --北京：社会科学文献出版社，2022.6

（法律与历史文丛）

ISBN 978-7-5201-9717-5

Ⅰ.①后… Ⅱ.①刘… Ⅲ.①民事诉讼-研究-中国-1935-1949 Ⅳ.①D925.104

中国版本图书馆 CIP 数据核字（2022）第 024684 号

·法律与历史文丛·

后民法典时代的司法实践

—— 民国四川基层诉讼中的法律与习惯（1935~1949）

著　　者 / 刘昕杰

出 版 人 / 王利民
责任编辑 / 芮素平　单远举
文稿编辑 / 王　倩
责任印制 / 王京美

出　　版 / 社会科学文献出版社·联合出版中心（010）59367151
　　　　　　地址：北京市北三环中路甲29号院华龙大厦　邮编：100029
　　　　　　网址：www.ssap.com.cn

发　　行 / 社会科学文献出版社（010）59367028
印　　装 / 三河市龙林印务有限公司

规　　格 / 开　本：787mm×1092mm　1/16
　　　　　　印　张：13.5　字　数：146千字

版　　次 / 2022年6月第1版　2022年6月第1次印刷
书　　号 / ISBN 978-7-5201-9717-5
定　　价 / 88.00元

读者服务电话：4008918866

版权所有 翻印必究